coleção primeiros passos 324

Debora Diniz

O QUE É DEFICIÊNCIA
1ª Edição

Editora Brasiliense

Copyright © by Debora Diniz, 2007

Nenhuma parte desta publicação pode ser gravada, armazenada em sistemas eletrônicos, fotocopiada, reproduzida por meios mecânicos ou outros quaisquer sem autorização prévia do editor.

Primeira edição, 2007
4ª reimpressão, 2023

Diretora Editorial: *Maria Teresa B. de Lima*
Editor: *Max Welcman*
Revisão: *Ana Terra Mejia Munhoz e Dida Bessana*
Arte de capa: *Ramon Navarro*

Dados Internacionais de Catalogação na Publicação (CIP)
(Câmara Brasileira do Livro, SP, Brasil)

Diniz, Debora
  O que é deficiência / Debora Diniz. - -
São Paulo : Brasiliense, 2007. - -
(Coleção Primeiros Passos ; 324)

Bibliografia.
ISBN 978-85-11-00107-5
1. Deficientes I. Título. II. Série

07-1338   CCD-362.1

Índices para catálogo sistemático:
1. Deficiência : Problemas sociais   362.1

Editora Brasiliense
Rua Antonio de Barros, 1586 - Tatuapé
CEP 03401-001 - São Paulo - SP
www.editorabrasiliense.com.br

SUMÁRIO

   I - Introdução 7
  II - Modelo social da deficiência 13
 III - Os estudos sobre deficiência 30
  IV - A revisão do modelo médico 39
   V - Deficiência, feminismo e cuidado 55
  VI - Conclusão 70
       Referências bibliográficas 74
       Sobre a autora 80

INTRODUÇÃO

Jorge Luis Borges, um dos mais conhecidos escritores argentinos, ditou grande parte de sua obra. Ele soletrou cada palavra de "A cegueira", um relato de sua vida como escritor cego.[1] A cegueira foi considerada uma das fontes de inspiração de Borges. Como não enxergava, sua inspiração viria de sentidos pouco explorados pelas pessoas com visão. Essa possível explicação para a genialidade literária de Borges é a que mais agrada às pessoas não deficientes. Borges seria um exemplo do deficiente que supera a lesão e se transforma em um gênio literário. De desvantagem, a cegueira passaria a ser entendida como um estímulo à literatura.

---

[1] Jorge Luis Borges, "La Ceguera", in ____, *Siete Noches*. Madrid: Alianza Editorial, 1995.

Mas não era assim que Borges descrevia a sua deficiência. Para ele, "a cegueira deve ser vista como um modo de vida: é um dos estilos de vida dos homens"[2]. Afirmar a cegueira como um modo de vida é reconhecer seu caráter trivial para a vida humana. Ser cego é apenas uma das muitas formas corporais de estar no mundo. Mas, como qualquer estilo de vida, um cego necessita de condições sociais favoráveis para levar adiante seu modo de viver a vida. A deficiência visual não significa isolamento ou sofrimento, pois não há sentença biológica de fracasso por alguém não enxergar. O que existe são contextos sociais pouco sensíveis à compreensão da diversidade corporal como diferentes estilos de vida.

A ideia de que a cegueira, a surdez ou a lesão medular nada mais são do que diferentes modos de vida é algo absolutamente revolucionário para a literatura acadêmica sobre deficiência. A concepção de deficiência como uma variação do normal da espécie humana foi uma criação discursiva do século XVIII, e desde então ser deficiente é experimentar um corpo fora da norma[3]. O corpo com deficiência somente se delineia quando contrastado com uma representação do que seria o corpo sem deficiência. Ao contrário do que se imagina, não há como descrever um corpo com deficiência como anormal. A anormalidade é um julgamento estético e, portanto, um valor moral sobre os estilos de vida. Há quem considere que um corpo cego é algo trágico, mas há também quem considere que essa é uma entre várias possibilidades para a existência humana.

---

[2] Op. cit., p. 149.
[3] Lennard J. Davis *Enforcing Normalcy: disability, deafness and the body*. London: Verso, 1995.

Opor-se à ideia de deficiência como algo anormal não significa ignorar que um corpo com lesão medular necessite de recursos médicos ou de reabilitação. Pessoas com e sem deficiência buscam cuidados médicos em diferentes momentos de sua vida. Algumas necessitam permanentemente da medicina para se manter vivas. Os avanços biomédicos proporcionaram melhoria no bem-estar das pessoas com e sem deficiência; por outro lado, a afirmação da deficiência como um estilo de vida não é resultado exclusivo do progresso médico. É uma afirmação ética que desafia nossos padrões de normal e patológico.

Um corpo cego é um corpo inesperado diante da expectativa do discurso do normal. Mas o desafio de Borges, bem como daquilo que ficou conhecido como estudos sobre deficiência, foi o de assumir uma positividade discursiva, ou seja, a deficiência não seria apenas a expressão de uma restrição de funcionalidade ou habilidade[4]. O modelo médico de compreensão da deficiência assim pode catalogar um corpo cego: alguém que não enxerga ou alguém a quem falta a visão – esse é um fato biológico. No entanto, o modelo social da deficiência vai além: a experiência da desigualdade pela cegueira só se manifesta em uma sociedade pouco sensível à diversidade de estilos de vida.

Essa foi a revolução dos estudos sobre deficiência surgidos no Reino Unido e nos Estados Unidos nos anos 1970. De um campo estritamente biomédico confinado aos saberes médicos, psicológicos e de reabilitação, a deficiência passou a ser também um campo das humanidades. Nessa guinada acadêmica, defi-

---

[4] O campo de estudos é conhecido por *disability studies*.

ciência não é mais uma simples expressão de uma lesão que impõe restrições à participação social de uma pessoa. Deficiência é um conceito complexo que reconhece o corpo com lesão, mas que também denuncia a estrutura social que oprime a pessoa deficiente. Assim como outras formas de opressão pelo corpo, como o sexismo ou o racismo, os estudos sobre deficiência descortinaram uma das ideologias mais opressoras de nossa vida social: a que humilha e segrega o corpo deficiente[5].

A aproximação dos estudos sobre deficiência de outros saberes já consolidados, como os estudos culturais e feministas, desafiou a hegemonia biomédica do campo. O primeiro resultado desse encontro teórico foi um extenso debate sobre como descrever a deficiência em termos políticos, e não mais estritamente diagnósticos[6]. Para os precursores dos estudos sobre deficiência, a linguagem referente ao tema estava carregada de violência e de eufemismos discriminatórios: "aleijado", "manco", "retardado", "pessoa portadora de necessidades especiais" e "pessoa especial", entre tantas outras expressões ainda vigentes em nosso léxico ativo. Um dos poucos consensos no campo foi o abandono das velhas categorias e a emergência das categorias "pessoa deficiente", "pessoa com deficiência" e "deficiente".

Há sutilezas no debate sobre cada uma dessas expressões. Os primeiros teóricos optaram por "pessoa deficiente" e "deficiente" para demonstrar que a deficiência era uma característica

---

[5] "Ideologia de opressão aos deficientes" é uma tradução composta para o neologismo *disablism* em língua inglesa. O conceito de *disablism* é uma analogia ao sexismo e ao racismo. A ideologia que oprime os deficientes supõe que há uma superioridade dos corpos não deficientes em comparação com os corpos deficientes.

[6] Gary Albrecht, Katherine Seelman, Michael Bury. Introduction, in ____, *Handbook of Disability Studies*. London: Sage, 2001, pp. 1-10.

individual na interação social. "Pessoa com deficiência" foi uma escolha que seguiu uma linha argumentativa semelhante e é a expressão mais comum no debate estadunidense. O movimento crítico mais recente, no entanto, optou por "deficiente" como uma forma de devolver os estudos sobre deficiência ao campo dos estudos culturais e de identidade. Assim como os estudos sobre raça não mais adotam o conceito de "pessoa de cor", mas "negro" ou "indígena", os estudos sobre deficiência assumiram a categoria "deficiente". E é como resultado da compreensão da deficiência como um mecanismo de identidade contrastiva que surgiu o conceito de "pessoa não deficiente" ou "não deficiente".

Neste livro, as novas expressões serão indiscriminadamente utilizadas para apresentar a gênese dos estudos sobre deficiência no Reino Unido nos anos 1970 e as principais críticas feministas e pós-modernas nas décadas de 1990 e 2000. Esse é um campo pouco explorado no Brasil não apenas porque a deficiência ainda não se libertou da autoridade biomédica, com poucos cientistas sociais dedicando-se ao tema, mas principalmente porque a deficiência ainda é considerada uma tragédia pessoal, e não uma questão de justiça social. O desafio está em afirmar a deficiência como um estilo de vida, e também em reconhecer a legitimidade de ações distributivas e de reparação da desigualdade, bem como a necessidade de cuidados biomédicos.

Segundo o Censo brasileiro de 2000, 14,5% da população brasileira é deficiente[7]. Esse dado anuncia a expressividade da questão da deficiência para a organização social no país, em es-

---

[7] Brasil. Censo Demográfico 2000. Disponível em: <http://www.ibge.gov.br>. Acessado em: 1o fev. 2005.

pecial com o envelhecimento populacional. A deficiência será um tema emergente para as políticas públicas, particularmente as de caráter distributivo e de proteção social[8]. O ponto de partida das negociações políticas deve ser o novo conceito de deficiência como instrumento de justiça social, e não somente como questão familiar ou individual.

---

[8] Marcelo Medeiros, Debora Diniz, Flávia Squinca. *Transferências de renda para a população com deficiência no Brasil: análise do Benefício de Prestação Continuada*. Pub. Seriada. Texto para Discussão n. 1184, Brasília, Ipea, 2006

MODELO SOCIAL DA DEFICIÊNCIA

DEFICIÊNCIA COMO OPRESSÃO

Paul Hunt, um sociólogo deficiente físico, foi um dos precursores do modelo social da deficiência no Reino Unido nos anos 1960. Os primeiros escritos de Hunt procuravam compreender o fenômeno sociológico da deficiência partindo do conceito de estigma proposto por Erving Goffman.[9] Para Goffman, os corpos são espaços demarcados por sinais que antecipam papéis a serem exercidos pelos indivíduos. Um conjunto de valores simbólicos estaria associado aos sinais corporais, sendo a deficiência um dos atributos que mais fascinaram os teóricos do estigma.

---

[9] Paul Hunt (ed.), *Stigma: the experience of disability*. London: Geoffrey Chapman, 1966. Erving Goffman, *Estigma: notas sobre a manipulação da identidade deteriorada*. 4ª ed. Rio de Janeiro: Guanabara, 1988.

De todas as obras de Hunt, o escrito de maior impacto foi a carta que ele remeteu ao jornal inglês *The Guardian*, em 20 de setembro de 1972. Nela se lia:

> Senhor Editor, as pessoas com lesões físicas severas encontram-se isoladas em instituições sem as menores condições, onde suas ideias são ignoradas, onde estão sujeitas ao autoritarismo e, comumente, a cruéis regimes. Proponho a formação de um grupo de pessoas que leve ao Parlamento as ideias das pessoas que, hoje, vivem nessas instituições e das que potencialmente irão substituí-las. Atenciosamente, Paul Hunt.[10]

Hunt não imaginou que sua carta provocaria tantas reações. Várias pessoas responderam à sua proposta de formação de um grupo de deficientes, e quatro anos depois estava constituída a primeira organização política desse tipo: a Liga dos Lesados Físicos Contra a Segregação (Upias).[11] Michael Oliver, também um sociólogo deficiente físico, foi um dos que imediatamente respondeu à carta de Hunt. Ainda hoje, ele é considerado um dos precursores e principais idealizadores do que ficou conhecido como modelo social da deficiência. Paul Abberley e Vic Finkelstein foram dois outros sociólogos deficientes que fizeram parte do grupo inicial de formação da Upias.

Reconhecer que a Upias foi a primeira organização de deficientes é algo que pode parecer estranho, pois há instituições

---

[10] Jane Campbell, "Growing Pains: Disability politics – the journey explained and described", in Len Barton & Michael Oliver, *Disability Studies: past, present and future*. Leeds: The Disability Press, 1997, p. 82.
[11] Upias, *Fundamental Principles of Disability*. London: Union of the Physically Impaired Against Segregation, 1976.

para cegos, surdos e pessoas com restrições cognitivas há pelo menos dois séculos, além de centros onde pessoas com diferentes lesões foram internadas ou abandonadas. A Upias foi, na verdade, a primeira organização política sobre deficiência a ser formada e gerenciada *por* deficientes. Instituições antigas, como o Instituto Nacional para Cegos, talvez a mais antiga do mundo, no Reino Unido, ou o Instituto Nacional de Educação de Surdos, no Brasil, eram entidades *para* os deficientes, isto é, locais onde se confinavam pessoas com diferentes lesões físicas ou mentais, cuidando delas e lhes oferecendo educação. Em geral, o objetivo dessas instituições e centros era o de afastar as pessoas com lesões do convívio social ou o de normalizá-las para devolvê-las à família ou à sociedade.

A originalidade da Upias foi não somente ser uma entidade *de* e *para* deficientes, mas também ter articulado uma resistência política e intelectual ao modelo médico de compreensão da deficiência. Para o modelo médico, deficiência é consequência natural da lesão em um corpo, e a pessoa deficiente deve ser objeto de cuidados biomédicos. Em um primeiro momento, portanto, a Upias constituiu-se como uma rede política cujo principal objetivo era questionar essa compreensão tradicional da deficiência: diferentemente das abordagens biomédicas, deficiência não deveria ser entendida como um problema individual, uma "tragédia pessoal", como ironizava Oliver, mas, sim, uma questão eminentemente social.[12] A estratégia da Upias era provocativa, pois tirava do indivíduo a responsabilidade pela opres-

---

[12] Michael Oliver, *The Politics of Disablement*. London: MacMillan, 1990.

são experimentada pelos deficientes e a transferia para a incapacidade social em prever e incorporar a diversidade.

Nesse sentido, Oliver, Abberley, Finkelstein e tantos outros que responderam ao chamamento de Hunt provocaram uma reviravolta no debate biomédico: ao invés de internados para tratamento ou reabilitação, os deficientes estavam encarcerados; a experiência da deficiência não era resultado de suas lesões, mas do ambiente social hostil à diversidade física. O mais importante desse movimento político vigoroso de crítica social foi que a Upias foi responsável por um feito histórico, pois redefiniu lesão e deficiência em termos sociológicos, e não mais estritamente biomédicos.

A gramática da deficiência foi refeita após a emergência e a consolidação da Upias em 1976. Foram quatro anos de comunicações secretas entre a comunidade imaginada por Hunt em sua carta. Nessa época, era comum que deficientes físicos fossem institucionalizados. Havia intensa vigilância sobre a vida deles, e os contatos com o ambiente externo eram não apenas controlados como esparsos. A Upias surgiu exatamente dessa incomunicabilidade entre os deficientes, o que torna seu processo de formação ainda mais espetacular. E foi também por causa da dificuldade de comunicação que esse processo foi tão lento: "algo que muitos não deficientes esperariam concluir em poucas semanas ou meses, nos exigiu quatro anos", disseram Oliver e Colin Sarnes.[13]

---

[13] Michael Oliver & Colin Barnes, *Disabled People and Social Policy: from exclusion to inclusion*. London: Longman, 1998, p. xii.

O principal objetivo da Upias era redefinir a deficiência em termos de exclusão social. A deficiência passou a ser entendida como uma forma particular de opressão social, como a sofrida por outros grupos minoritários, como as mulheres ou os negros. O marco teórico do grupo de sociólogos deficientes que criaram a Upias foi o materialismo histórico, o que os conduziu a formular a tese política de que a discriminação pela deficiência era uma forma de opressão social. Oliver e Sarnes, em *Deficientes e política social: da exclusão para a inclusão,* definem a experiência da opressão sofrida pelos deficientes como uma "situação coletiva de discriminação institucionalizada". E foi nesses termos que os conceitos de lesão e deficiência foram politicamente redefinidos.[14]

LESÃO E DEFICIÊNCIA

Quem é deficiente para o modelo social da deficiência? Para responder a essa pergunta, foi preciso enfrentar a tensão entre corpo e sociedade. Seria um corpo com lesão o que limitaria a participação social ou seriam os contextos pouco sensíveis à diversidade o que segregaria o deficiente? O desafio era avaliar se a experiência de opressão e exclusão denunciada pela Upias decorreria das limitações corporais, como grande parte da biomedicina defendia, ou se seria resultado de organizações sociais e políticas pouco sensíveis à diversidade corporal.

---

[14] Op. cit., p. 3.

Originalmente, a Upias propunha uma definição de lesão e deficiência amparada em uma perspectiva política de exclusão social:

> Lesão: ausência parcial ou total de um membro, ou membro, organismo ou mecanismo corporal defeituoso; deficiência: desvantagem ou restrição de atividade provocada pela organização social contemporânea, que pouco ou nada considera aqueles que possuem lesões físicas e os exclui das principais atividades da *vida* social.[15]

Para a Upias, a lesão seria um dado corporal isento de valor, ao passo que a deficiência seria o resultado da interação de um corpo com lesão em uma sociedade discriminatória.

A definição da Upias provocou um extenso debate sobre as limitações do vocabulário biomédico para descrever a deficiência. A iniciativa da Upias representou a primeira tentativa de autoclassificação dos movimentos de deficientes. Jenny Morris, uma das poucas mulheres deficientes ativas na formação do modelo social, considera que esse foi um processo de libertação semelhante ao que o feminismo propiciou às mulheres: articulou-se uma nova linguagem para descrever a experiência de discriminação sofrida pelos deficientes.[16]

Os objetivos da Upias eram:

1. Diferenciar natureza de sociedade pelo argumento de que

---

[15] Upias, op. cit., pp. 3-4.
[16] Jenny Morris, Impairment and Disability: constructing an ethics of care that promotes human rights, *Hypatia*, v. 16, n. 4, Fall 2001.

a opressão não era resultado da lesão, mas de ordenamentos sociais excludentes. Lesão era uma expressão da biologia humana isenta de sentido, ao passo que deficiência era resultado da discriminação social. Ao retirar qualquer sentido pejorativo das lesões, o alvo da Upias era aproximar os deficientes de outras minorias sociais, grupos nos quais a tensão entre os conceitos de natureza e sociedade era também intensa. O objetivo era dessencializar a lesão, denunciando as construções sociológicas que a descreviam como desvantagem natural;

2. Assumir a deficiência como uma questão sociológica, retirandoa do controle discursivo dos saberes biomédicos. Foi nessa disputa por autoridade discursiva que se estruturou o modelo social da deficiência em contraposição ao modelo médico. O modelo social definia a deficiência não como uma desigualdade natural, mas como uma opressão exercida sobre o corpo deficiente. Ou seja, o tema deficiência não deveria ser matéria exclusiva dos saberes biomédicos, mas principalmente de ações políticas e de intervenção do Estado.

Esses dois objetivos abriram caminho para um novo olhar sobre a deficiência. Para o modelo social da deficiência, as causas da segregação e da opressão sofrida por Oliver, por exemplo, deveriam ser buscadas não nas sequelas da poliomielite contraída na infância, mas nas barreiras sociais que dificultavam ou impediam sua locomoção em cadeira de rodas. Sua dificuldade de locomoção não deveria ser entendida como uma tragédia pessoal fruto da loteria da natureza, mas como um ato de discriminação permanente contra um grupo de pessoas com expressões corporais diversas.

Nesse sentido, um deficiente como Oliver diria: "minha lesão não está em não poder andar. Minha deficiência está na inacessibilidade dos ônibus"[17] Assim, as alternativas para romper com o ciclo de segregação e opressão não deveriam ser buscadas nos recursos biomédicos, mas, especialmente, na ação política capaz de denunciar a ideologia que oprimia os deficientes. Ao afirmar que a resposta para a segregação e para a opressão estava na política e na sociologia, os teóricos do modelo social não recusavam os benefícios dos avanços biomédicos para o tratamento do corpo com lesões. A ideia era simplesmente ir além da medicalização da lesão e atingir as políticas públicas para a deficiência.[18] O resultado foi a separação radical entre lesão e deficiência: a primeira seria o objeto das ações biomédicas no corpo, ao passo que a segunda seria entendida como uma questão da ordem dos direitos, da justiça social e das políticas de bem-estar.[19]

DEFICIENTE, PESSOA DEFICIENTE OU PESSOA COM DEFICIÊNCIA?

Deficiência passou a ser um conceito político: a expressão da desvantagem social sofrida pelas pessoas com diferentes lesões. E, nesse movimento de redefinição da deficiência, termos como "pessoa portadora de deficiência", "pessoa com deficiên-

---

[17] Op. cit., p. 5.
[18] O título do livro *Políticas para a deficiência* remetia à ideia de que haveria políticas, deliberadas ou não, que provocariam ou promoveriam a lesão ou a deficiência (Michael Oliver, *The Politics of Disablement*. London: MacMillan, 1990).
[19] Michael Oliver & Colin Barnes, op. cit., p. 18.

cia", "pessoa com necessidades especiais", e outros agressivos, como "aleijado", "débil mental", "retardado", "mongoloide", "manco" e "coxo" foram colocados na mesa de discussões. Exceto pelo abandono das expressões mais claramente insultantes, ainda hoje não há consenso sobre quais os melhores termos descritivos.

Entre os seguidores da Upias e teóricos do modelo social da deficiência, em especial na linha britânica, é possível reconhecer a preferência por expressões que denotem a identidade na deficiência, e por isso é mais comum o uso do termo "deficiente". Segundo Oliver e Barnes, "a expressão pessoa com deficiência sugere que a deficiência é propriedade do indivíduo e não da sociedade", ao passo que "pessoa deficiente" ou "deficiente" demonstram que a deficiência é parte constitutiva da identidade das pessoas, e não um detalhe. "Oliver critica duramente a expressão composta "pessoa com deficiência", adotada pela tradição estadunidense, pois considera que:

> Essa visão liberal e humanista vai de encontro à realidade tal como ela é experimentada pelos deficientes, que sustentam ser a deficiência parte essencial da constituição de suas identidades e não meramente um apêndice. Nesse contexto, não faz sentido falar sobre pessoas e deficiência separadamente. Em consequência, os deficientes demandam aceitação como são, isto é, como deficientes.[20]

---

[20] Michael Oliver. Introduction, in ____, *The Politics of Disablement*. London: MacMillan, 1990, p. xii. Sobre essa discussão terminológica, vide também Colin Barnes, Disability Studies: new or not so new directions? *Disability & Society*, v. 14, n. 4, 1999, pp. 577-580.

"Deficiente" seria, portanto, um termo politicamente mais forte que "pessoa com deficiência", muito embora alguns autores utilizem ambos de modo indiscriminado. Vale lembrar que o objetivo não era transformar o vocabulário por questões estéticas, mas politizá-lo retirando expressões que não estivessem de acordo com a guinada teórica proposta pelo modelo social.

Essa redescrição conceitual tinha um alvo: abalar a autoridade discursiva dos saberes biomédicos e promover a autoridade da experiência vivida pelo corpo deficiente no debate acadêmico.[21] Foi assim que, mesmo diante das críticas que os acusavam de estruturar o modelo social em torno de uma única forma de deficiência, os primeiros teóricos acreditaram poder agregar as diferentes comunidades de deficientes em torno de um projeto político único:

> Todos os deficientes experimentam a deficiência como uma restrição social, não importando se essas restrições ocorrem em consequência de ambientes inacessíveis, de noções questionáveis de inteligência e competência social, da inabilidade da população em geral de utilizar a linguagem de sinais, da falta de material em braile ou das atitudes públicas hostis das pessoas que não têm lesões visíveis.[22]

Houve, de fato, um viés inicial no movimento social, pois a Upias era formada apenas por deficientes físicos. No entanto, o

---

[21] Gary L. Albrecht; Katherine D. Seelman; Michael Bury, Introduction. in ____, *Handbook of Disability Studies*. London: Sage, 2001, pp. 1-10.
[22] Michael Oliver, op. cit., p. xiv.

novo vocabulário tinha potencial para não desagregar as comunidades de deficientes. A crítica inicial de que a Upias era formada pela elite dos deficientes, isto é, homens jovens saudáveis e com lesões físicas, foi rapidamente reconhecida pelos precursores do movimento social. A estratégia era não mais assentar a experiência da deficiência em termos de lesões específicas, mas sair à procura de termos políticos que agregassem o maior número possível de deficientes. A ideia foi mostrar que, a despeito da variedade de lesões, havia um fator que unia todos os deficientes: a experiência da opressão.

IDEOLOGIA DA OPRESSÃO PELA DEFICIÊNCIA

A deficiência passou a ser compreendida como uma experiência de opressão compartilhada por pessoas com diferentes tipos de lesões. O desafio seguinte era mostrar evidências de quem se beneficiaria com a segregação dos deficientes da vida social. A resposta foi dada pelo marxismo, principal influência da primeira geração de teóricos do modelo social: "o capitalismo é quem se beneficia, pois os deficientes cumprem uma função econômica como parte do exército de reserva e uma função ideológica mantendo-os na posição de inferioridade".[23]

Esse foi o argumento considerado mais radical pelos teóricos do modelo social, pois se acreditava, segundo Harlan Hahn, que "deficiência é aquilo que a política diz que seja".[24]

---
[23] Michael Oliver & Colin Barnes, op. cit., p. 70.
[24] Harlan Hahn, Disability Policy and the Problem of Discrimination. *American Behavioural Scientist*, v. 28, n. 3, 1985, p. 294.

Isto é, diferentemente do modelo médico de deficiência, que estabelecia uma relação de causalidade entre lesão e deficiência e transformava esta última em objeto de controle biomédico, o modelo social resistia à tese de que a experiência da opressão era condição natural de um corpo com lesões. O modelo médico, ainda hoje hegemônico para as políticas de bem-estar voltadas para os deficientes, afirmava que a experiência de segregação, desemprego e baixa escolaridade, entre tantas outras variações da opressão, era causada pela inabilidade do corpo lesado para o trabalho produtivo.

Se para o modelo médico o problema estava na lesão, para o modelo social, a deficiência era o resultado do ordenamento político e econômico capitalista, que pressupunha um tipo ideal de sujeito produtivo. Houve, portanto, uma inversão na lógica da causalidade da deficiência entre o modelo médico e o social: para o primeiro, a deficiência era resultado da lesão, ao passo que, para o segundo, ela decorria dos arranjos sociais opressivos às pessoas com lesão. Para o modelo médico, lesão levava à deficiência; para o modelo social, sistemas sociais opressivos levavam pessoas com lesões a experimentarem a deficiência.

Mas em um ponto os modelos social e médico coincidiam: ambos concordavam que a lesão era um tema da alçada dos cuidados biomédicos. O desafio era não apenas rever a lógica de causalidade proposta pelo modelo médico, mas também introduzir uma nova divisão social do trabalho que incorporasse a deficiência. Dessa forma, seria possível desbancar a autoridade daqueles que tradicionalmente administravam a deficiência, para então determinar as prioridades das políticas públicas voltadas para os deficientes. Mas, para isso, era preciso deixar claro o que o modelo social entendia por opressão pela deficiência.

Abberley, assim como Oliver, tornou-se deficiente físico por poliomielite, e já era professor de sociologia quando respondeu à carta de Hunt. Com Finkelstein, um sociólogo deficiente sul-africano exilado no Reino Unido, Abberley foi um dos principais teóricos da tese da opressão pela deficiência. Antes de se unir ao grupo inicial da Upias, Abberley considerava-se um "deficiente de sucesso", isto é, um deficiente que havia passado boa parte da vida sublimando a deficiência.[25] Seus escritos foram uma referência obrigatória para os estudos sobre deficiência. Ainda hoje, o artigo "O conceito de opressão e o desenvolvimento da teoria social da deficiência", publicado em 1987 na recém-criada revista *Disability, Handicap and Society*, é uma referência conceitual para o debate.[26]

O objetivo de Abberley era duplo: por um lado, diferenciar opressão de exploração; por outro, apresentar a lesão como uma consequência perversa, porém previsível, do capitalismo.[27] A tese de Abberley, uma espécie de ironia ao modelo médico da deficiência, era que a relação de causalidade deveria ser capitalismo-lesão-deficiência, e não lesão-deficiênciasegregação. Para comprovar seu argumento, Abberley fez uso de uma série de estatísticas de saúde disponíveis sobre a década de 1980 no

---

[25] Paul Abberley, The Concept of Oppression and the Development of a Social Theory of Disability. *Disability, Handicap & Society,* v. 2, n. 1, 1987, p. 5.
[26] Op. cit., pp. 5-19.
[27] Idem, ibidem.

Reino Unido, em que diferentes formas de artrite apareciam como a primeira causa de lesões: 31% dos casos mais severos eram provocados por artrite.[28]

De posse do argumento biomédico aceito na época de que grande parte dos casos de artrite era motivada por desgaste no trabalho, Abberley propôs um argumento bipartido, que deve ser entendido como fundamento do modelo social:

1) não se deve explicar o fenômeno da deficiência pela esfera natural ou individual, mas pelo contexto socioeconômico no qual as pessoas com lesão vivem;

2) é preciso estender os conceitos de lesão e deficiência a outros grupos sociais, como os idosos. A alta prevalência de artrite, especialmente entre idosos, bem como suas consequências debilitantes constituíam um caso paradigmático para o argumento de Abberley: por um lado, mostrava-se que a lesão não era uma tragédia pessoal, mas resultado da organização social do trabalho; por outro, ampliava-se a compreensão do significado da lesão de forma a torná-la um fato ordinário na vida social.

A proposta de Abberley não era ingênua, pois não ignorava:

> O papel dos germes, genes ou trauma, mas chamava a atenção para o fato de que seus efeitos somente são aparentes em sociedades reais e contextos históricos específicos, cuja natureza é determinada por uma interação complexa de fatores materiais e não materiais.[29]

---
[28] Op. cit., p. 15.
[29] Op. cit., p.12.

A ideia não era abandonar o acaso como agente provocador das lesões, mas mostrar que aquilo que mais causava lesões era exatamente o sistema ideológico que oprimia os deficientes, isto é, o capitalismo.

Com esse quadro, Abberley analisou a eficácia da analogia entre a opressão sofrida pelos deficientes e a opressão sofrida pelas mulheres ou os negros. Muito embora estivesse convencido de que as situações de opressão eram semelhantes, Abberley argumentava que a rejeição à lesão era um fato tão difundido na maioria das sociedades industrializadas que a separação entre natureza e sociedade não seria facilmente aceita nas negociações políticas relativas aos deficientes. Diferentemente das discussões sobre desigualdade de gênero, nas quais há consenso político de que a biologia não determina a desvantagem social, no campo da deficiência, Abberley acreditava que esse seria um argumento pouco simpático.

Há uma crença largamente difundida de que a lesão representa "a desvantagem real e natural", ou seja, a desvantagem provocada pela lesão é universal, absoluta e independente dos arranjos sociais.[30] Ciente dessa resistência ideológica em desnaturalizar a lesão, a proposta de Abberley foi "uma teoria social da lesão", cujo fundamento era a estrutura do capitalismo, em especial o ordenamento social em torno do trabalho produtivo. O objetivo dessa volta à lesão era assumir que o corpo era um espaço de expressão da desigualdade que precisava ser colocado no centro dos debates sobre justiça social para os deficientes.

---

[30] Op. cit., p. 8.

Para a teoria social da lesão, o exemplo da artrite era paradigmático. Os que sofriam dessa doença eram pessoas produtivas, sem qualquer forma de lesão, mas que, após anos de sujeição ao trabalho mecânico, adquiriam lesões e experimentavam a deficiência. Intencionalmente, Abberley incluiu na categoria de deficientes grupos tradicionalmente não considerados como tal, como é o caso dos idosos. A desconstrução da simbologia hegemônica do deficiente, que foi iniciada por Abberley, vem sendo uma tarefa contínua dos defensores do modelo social. A aproximação da deficiência ao envelhecimento foi um argumento estratégico adotado pelos primeiros teóricos do modelo social e aprofundado pelas gerações seguintes.[31]

O deficiente representado nos sinais de trânsito e em espaços públicos é uma minoria entre os deficientes. A estratégia de desconstrução simbólica pressupunha a representação de outras formas de deficiência, e não apenas a lesão medular. Nesse processo de revisão da representação da deficiência, Abberley estava ciente de o quanto o grupo dos idosos facilitaria a guinada argumentativa: a lesão é algo recorrente no ciclo da vida humana, e não algo inesperado. A ideia não era banalizar a lesão e a deficiência por meio da tese vulgar de que "todos somos deficientes". O objetivo era, na verdade, político: ampliava-se o grupo a ser representado, retirava-se a deficiência da esfera do inesperado e, consequentemente, reconheciam-se as demandas dos deficientes como demandas de justiça social.

---

[31] Susan Wendell, *The Rejected Body: feminist philosophical reflections on disability*. New York: Routledge, 1996. Marcelo Medeiros & Debora Diniz, "Envelhecimento e Deficiência", in Ana Amélia Camarano, *Muito além dos 60: os novos idosos brasileiros*. Rio de Janeiro: Ipea, 2004, pp.107-120.

O resultado desse percurso analítico foi a construção de uma teoria da deficiência como opressão pautada em cinco argumentos:

1) a ênfase nas origens sociais das lesões;

2) o reconhecimento das desvantagens sociais, econômicas, ambientais e psicológicas provocadas nas pessoas com lesões, bem como a resistência a tais desvantagens;

3) o reconhecimento de que a origem social da lesão e as desvantagens sofridas pelos deficientes são produtos históricos, e não resultado da natureza;

4) o reconhecimento do valor da vida dos deficientes, mas também a crítica à produção social das lesões;

5) a adoção de uma perspectiva política capaz de garantir justiça aos deficientes.[32] Essa teoria de Abberley tanto respondia à pergunta inicial que motivou a formação da Upias – por que os deficientes são excluídos da sociedade? – quanto lançava luzes sobre a maneira de romper esse processo de exclusão.[33]

---

[32] Op. cit., p.17.
[33] Jane Campbell, op. cit., p. 79. Nesse artigo, Campbell conta a história da formação da Upias por meio de entrevistas realizadas com 31 dos participantes mais ativos do movimento social da deficiência nos anos 1980 e 1990 no Reino Unido. Segundo Campbell, todos os entrevistados reconheceram a Upias como a origem do movimento social da deficiência.

OS ESTUDOS SOBRE DEFICIÊNCIA

A ENTRADA ACADÊMICA

Um passo importante para a consolidação acadêmica dos estudos sobre deficiência foi o primeiro curso de graduação, pautado nas referências bibliográficas dos teóricos do modelo social. O curso, intitulado "A pessoa deficiente na comunidade", foi promovido pela Universidade Aberta (*Open University*), no Reino Unido, em 1975.[34] O sucesso do curso entre alunos com deficiência deveu-se ao caráter democrático da Universidade Aberta, cujas aulas eram oferecidas a distância. O primeiro curso de pós-graduação foi promovido pela Universidade de Kent, também

---

[34] Len Barton & Michael Oliver. Introduction: the birth of disability studies, in____, *Disability Studies: past, present and future*. Leeds: The Disability Press, 1997. Colin Barnes, Disability Studies: new or not so new directions?, *Disability & Society,* v. 14, n. 4, 1999.

no Reino Unido, onde se registrou pela primeira vez a expressão "estudos sobre deficiência" para delinear o campo disciplinar de pesquisas sociológicas e políticas sobre a deficiência.[35]

Finkelstein, que ajudou a criar a Upias, foi um dos professores do curso da Universidade Aberta, onde defendeu a importância da perspectiva materialista para a compreensão da deficiência. Abberley e Oliver foram alguns dos jovens sociólogos que seguiram a proposta de Finkelstein. Aquele era um momento de estruturação acadêmica dos estudos sobre deficiência, e os escritos eram esparsos e pouco acessíveis. O que havia era uma extensa e vívida troca de ideias entre os participantes da Upias, mas era preciso documentá-las para que se estruturasse o modelo social e para que maior número de pessoas se aproximasse do campo.

Um dado essencial para o início da estruturação acadêmica dos estudos sobre deficiência foi a publicação, em 1983, do livro de Oliver, Serviço social com deficientes, considerado por Sarnes o primeiro a propor diretamente a abordagem materialista da deficiência.[36] A obra depois foi revisada e transformou-se no livro-texto Políticas para a deficiência, em 1990. Ainda hoje, é considerado um marco para o debate internacional sobre o modelo social, tendo sido traduzido para vários idiomas.

A necessidade de criação de fóruns alternativos para o debate sobre o modelo social fez que Oliver e Len Barton fundassem, em 1986, o primeiro periódico científico especializado em estudos sobre deficiência: Disability, Handicap and Society. O que existia

---

[35] Len Barton & Michael Oliver, op. cit.
[36] Colin Barnes, op. cit.

até aquele momento eram revistas científicas compromissadas com o modelo médico e especializadas em subáreas do conhecimento, em especial a medicina da reabilitação, a educação especial e a psicologia. Desde então, o periódico é publicado trimestralmente, e o conselho editorial é composto majoritariamente por deficientes. O compromisso do periódico é promover o modelo social, além de estimular que acadêmicos e pesquisadores deficientes escrevam sobre a experiência da deficiência.

Novas perspectivas analíticas sobre a deficiência, em especial abordagens fenomenológicas do corpo e da lesão, passaram a preencher as páginas do periódico, muito embora ele ainda se mantivesse como um espaço de debates sobre o modelo social. Segundo Barnes:

> O objetivo da revista era estimular as teorias sociais sobre a deficiência, baseadas nas experiências dos deficientes para contrapor-se às tendências tradicionais que individualizavam e patologizavam a deficiência.[37]

O periódico era uma forma de estruturar a resistência à hegemonia do modelo médico. Após alguns tímidos anos, ele assumiu uma posição internacional de liderança nos estudos sobre deficiência, tornando-se referência obrigatória ao debate.

Um dado que demonstra a efervescência do campo é a mudança do título do periódico em 1993: de Disability, Handicap and Society, passou a se chamar Disability and Society.[38]

---

[37] Op. cit., p. 580.
[38] The Executive Editors. Editorial. *Disability, Handicap & Society*, v. 8, n. 2, 1993, pp. 109-110.

O editorial da revista que anunciou a mudança atribuiu-a ao processo político de negociação do vocabulário sobre a deficiência, no qual se verificou que diferentes comunidades de deficientes viam conotação depreciativa na expressão de língua inglesa handicap.[39] Para justificar a importância da atenção à linguagem, os editores traçaram um paralelo com a vigilância conceitual que os movimentos de mulheres e de minorias raciais promoveram contra expressões sexistas e racistas. Segundo os editores, era importante que os estudos sobre deficiência assumissem compromissos semelhantes.

Na verdade, o cuidado com o vocabulário sobre a deficiência sempre foi um tema de grande atenção para o modelo social e, portanto, não poderia deixar de estar presente em seu principal fórum acadêmico de debates. Em 1987, a revista já havia publicado um editorial sobre o tema, com o intuito de padronizar os termos descritivos da deficiência utilizados pela comunidade de autores e pesquisadores do modelo social.[40] Além da revista, em 1996, criou-se a primeira editora especializada em estudos sobre deficiência, a Disability Press, no Centro de Estudos sobre Deficiência da Universidade de Leeds, no Reino Unido.[41]

---

[39] Não há tradução adequada para *handicap:* as traduções mais comuns são lesão (*impairment*), deficiência (*disability*) e desvantagem.
[40] The Executive Editors. Editorial. *Disability, Handicap & Society,* v. 2, n. 1, 1987.
[41] Um dos livros mais importantes publicados pela editora foi o organizado por Len Barton e Michael Oliver, em comemoração aos dez anos de existência da revista *Disability & Society,* em 1996. O livro reuniu artigos inéditos e republicou os de maior impacto nos primeiros dez anos do periódico (Len Barton & Michael Oliver, *Disability Studies: past, present and future.* Leeds: The Disability Press, 1997).

OS DESDOBRAMENTOS POLÍTICOS

A proposta dos teóricos do modelo social de compreender a deficiência como opressão ganhou força na década de 1980. Se, por um lado, essa foi uma ideia consensual entre os teóricos da primeira geração do modelo social, o mesmo não pode ser dito das definições propostas pela Upias. No campo dos movimentos sociais, o vocabulário da Upias foi revisto e modificado pela entidade internacional criada para agregar as entidades nacionais de deficientes, a Internacional de Deficientes (DPI). A meta da DPI era agregar outras formas de lesões que não apenas as físicas, tal como inicialmente havia sido proposto pela Upias.

As novas definições da DPI, divulgadas em 1982, propunham que:

> Deficiência significa as limitações funcionais nos indivíduos causadas por lesões físicas, sensoriais ou mentais; *handicap* é a perda ou limitação de oportunidades em participar na vida normal da comunidade em igualdade de condições com outros indivíduos devido a barreiras físicas e sociais.[42]

Muito embora os fundamentos teóricos e políticos da Upias tenham sido mantidos, em especial a tese da opressão, a DPI substituiu a expressão "deficiência" pela de "handicap", talvez

---

[42] DPI, *Disabled People's* International: Proceedings of the First World Congress of Singapore: Disabled People's International, 1982, p. 105. A DPI utilizava *handicap* com o sentido de desvantagem.

como resultado da influência dos documentos sobre deficiência divulgados pela Organização Mundial de Saúde (OMS) no período. O que, para a Upias, era lesão e deficiência correspondia, respectivamente, a deficiência e handicap para a DPI.

Os anais do encontro de Cingapura, local onde a DPI se reuniu pela primeira vez, justificaram a mudança terminológica pelo fato de que "deficiência" e "handicap" eram expressões mais correntes internacionalmente, em especial nos Estados Unidos e no Canadá, do que "lesão" e "deficiência".[43] Além disso, por não se referir apenas às lesões físicas, a expressão "deficiência mental" era mais adequada que "lesão mental", por isso a substituição de "lesão" por "deficiência". Em linhas gerais, o que a DPI propôs foi um ajuste terminológico com o intuito de facilitar a ação política da Upias: lesão (Upias) e deficiência (DPI) descreviam o corpo, ao passo que deficiência (Upias) e handicap (DPI) apontavam para o fenômeno sociológico da opressão e da segregação.

Alguns países nórdicos ainda adotam a expressão "handicap" para representar o resultado da relação do corpo lesado com a sociedade. Entretanto, esse foi um termo que rendeu muitas discussões e controvérsias, em especial por causa de sua etimologia, que remete a "chapéu na mão", sugerindo a imagem dos deficientes como pedintes.[44] Durante alguns anos, "handicap" foi a expressão utilizada no lugar de "deficiência" pelos organismos internacionais. No entanto, essa foi uma categoria que não resistiu às críticas e foi posta fora do debate no fim dos anos 1990.

---

[43] Op. cit.
[44] Lennart Nordenfeltm, The Importance of a Disability/Handicap Distinction, *The Journal of Medicine and Philosophy*, n. 22, 1997.

Mas o ponto crítico da proposta terminológica da DPI, segundo Oliver e Sarnes, foi o uso da expressão "normal", não apenas por causa da fragilidade do conceito, mas principalmente pela contramão política que representava para as demandas do modelo social.[45] Esse modelo amparava-se em um pressuposto relativista do que viria a ser definido como normalidade humana, pois, caso contrário, o projeto político da teoria social da lesão proposta por Abberley iria por água abaixo. Diferentemente do modelo médico, em que normalidade ora era definida em termos estatísticos, ora em termos sociais, o modelo social definia normalidade como um valor calcado em ideais do sujeito produtivo para o capitalismo. Para o modelo social, normalidade era um tema de crítica constante, pois a ideologia da normalização foi, durante um longo período, o fundamento das ações biomédicas de intervenção no indivíduo com lesões.

O tema do relativismo era uma questão de fundo para o modelo social. Em razão da escassez de etnografias e estudos históricos sobre a vida de deficientes em outras culturas e épocas, o modelo social baseava-se em raríssimos relatos para comprovar a tese de que nem sempre os deficientes foram oprimidos, excluídos ou considerados anormais.[46] Dados que atestassem etnográfica e historicamente que a segregação social dos deficientes não era um fenômeno absoluto e universal fortaleceriam o argumento de que a opressão era um fenômeno sociológico, e não determinado pela biologia do corpo com lesões. Para Oliver, Abberley,

---

[45] Michael Oliver & Colin Barnes, *Disabled People and Social Policy:* from exclusion to inclusion, London: Longman, 1998.
[46] Obra de referência sobre cultura e deficiência é Benedicte Ingstad & Susan Reynolds Whyte, *Disability and Culture*. Berkeley: University of California Press, 1995.

Barnes e Gleeson, autores convencidos de que o quadro atual de opressão dos deficientes era um fenômeno decorrente da estrutura capitalista, a aproximação do modelo social com os estudos históricos seria uma tarefa urgente.[47]

A inclusão de outras formas de lesões foi considerada um tema prioritário para os idealizadores da Upias, de forma que a nova definição de deficiência proposta pela entidade ficou:

> Deficiência: desvantagem ou restrição de atividade provocada pela organização social contemporânea, que pouco ou nada considera as pessoas que possuem lesões e as exclui das principais atividades da vida social.[48]

Ou seja, a definição foi duplamente revisada após a proposta da DPI: por um lado, retirou-se a referência às lesões físicas; por outro, não se definiu quais lesões poderiam ser socialmente consideradas deficiência.

O objetivo dessa ausência de adjetivação das lesões era recusar o modelo médico que as classificava estabelecendo categorias (física, mental, sensorial, psicológica etc.) e gradações de intensidade (leve, moderada, grave), o que subdividia os deficientes em grupos, de acordo com as especialidades biomédicas de tratamento e cuidado. Oliver e Gerry Zarb consideravam que o modelo médico teria sido o responsável por essa divisão artificial da comunidade de deficientes, separação esta que,

---
[47] Obra de referência sobre a história da deficiência é Henri-Jacques Stiker, *A History of Disability*. Michigan: The University of Michigan Press, 1997.
[48] Michael Oliver & Colin Barnes, op. cit., pp. 17-18.

após ter sido incorporada pelas políticas sociais, transformou-se em uma "tática deliberada" de desmobilização, visto que sugeria que as diferenças de lesões levariam a uma competição por recursos entre os deficientes:

> O Estado oferece benefícios de impostos aos cegos, mas não a outros deficientes; benefícios de transporte àqueles que não podem andar, mas não para aqueles que podem; maiores benefícios financeiros para aqueles que sofreram acidentes no trabalho do que para aqueles com lesões congênitas. Isto não se faz sem intenções, mas é uma tática deliberada que o Estado desenvolveu para lidar com outros grupos, e a qual pode ser resumida na regra "dividir para governar".[49]

Daí em diante, o modelo social apresenta uma enorme resistência a toda e qualquer forma de divisão das comunidades de deficientes com base nos tipos das lesões.

---

[49] Michael Oliver & Gerry Zarb, "The Politics of Disability: a new approach", in Len Barton & Michael Oliver, *Disability Studies: past, present and future*. Leeds: The Disability Press, 1997, p. 197.

A REVISÃO DO MODELO MÉDICO

NOVAS DEFINIÇÕES

Em 1980, a Organização Mundial de Saúde (OMS) publicou um catálogo oficial de lesões e deficiências semelhante à *Classificação Internacional de Doenças* (CID). O objetivo da *Classificação Internacional de Lesão, Deficiência e Handicap* (ICIDH) era sistematizar a linguagem biomédica relativa a lesões e deficiências.[50] Apesar de ter ocorrido em um momento de efervescência política e acadêmica do modelo social, o processo de elaboração da ICIDH praticamente não contou com a

---

[50] World Health Organization. International Classification of Impairments, Disabilities, and Handicaps (ICIDH), Geneva, 1980. A tradução corrente foi Classificação Internacional de Deficiências, Incapacidades e Limitações. A língua portuguesa não é considerada um dos idiomas oficiais da OMS; portanto, as traduções foram feitas por centros acadêmicos nacionais que, apesar de referências para o tema da deficiência, são centros biomédicos de pesquisa e ensino, ou seja, distantes do debate sociológico e político.

participação dos teóricos desse modelo. A ICIDH baseou-se no modelo médico da deficiência.

A proposta da OMS era expandir o repertório de doenças da CID, incluindo as lesões como consequências de doenças, ao estabelecer uma sequência lógica entre doença, lesão, deficiência e *handicap*.[51] Como a intenção da ICIDH era não apenas unificar a terminologia internacional em torno de lesões e deficiências, mas principalmente permitir uma padronização para fins comparativos e de políticas de saúde, foi inaugurada a tripartição conceitual lesão-deficiência-*handicap*, que, durante vinte anos, desafiou a perspectiva do modelo social.

Segundo a ICIDH, lesão, deficiência e *handicap* deveriam ser entendidos como:

> 1) Lesão: é qualquer perda ou anormalidade psicológica, fisiológica ou anatômica de estrutura ou função;
> 2) Deficiência: é qualquer restrição ou falta resultante de uma lesão na habilidade de executar uma atividade da maneira ou da forma considerada normal para os seres humanos;
> 3) *Handicap*: é a desvantagem individual, resultante de uma lesão ou deficiência, que limita ou dificulta o cumprimento do papel considerado normal.[52]

Havia uma relação de dependência entre lesão, deficiência e *handicap*, além de uma vinculação desses três níveis à ideia de

---

[51] World Health Organization. International Classification of Impairments, Disabilities, and Handicaps (ICIDH), Geneva, 1980.
[52] Op. cit., pp. 27-29.

doença, categorizada pela CID. O vocabulário proposto pela OMS representava um retrocesso para as conquistas do modelo social: a deficiência seria resultado de uma lesão no corpo de um indivíduo considerado anormal. Conceitos tidos como perniciosos para a descrição da deficiência, como o de anormalidade, voltaram ao centro dos debates. A ICIDH representou um revigoramento do modelo médico no debate sobre deficiência.

O sistema classificatório da ICIDH rapidamente ganhou força, tornando-se tema da agenda de discussões entre os teóricos do modelo social durante quase uma década. Havia um esforço conjunto entre militantes e acadêmicos do modelo social para comprovar as debilidades do vocabulário proposto pela OMS. O consultor que coordenou os trabalhos da ICIDH foi o médico Philip Wood, da Universidade de Manchester. A tarefa que Wood recebeu da OMS foi a de transpor a lógica classificatória da CID para o campo das lesões e deficiências, de forma a incluir as consequências de doenças crônicas e debilitantes.[53] O fato de Wood ser britânico era um dado político adicional ao debate, pois o modelo social era emergente no meio acadêmico de todo o país.[54]

Para os teóricos do modelo social, o resultado foi o revigoramento do modelo médico, com a devolução da deficiência ao campo das doenças ou consequências de doenças. Mais do que nunca, a deficiência resumiu-se a uma questão biomédica, um retrocesso inadmissível para o modelo social. Havia dois motivos para os teóricos do modelo social se dedicarem às análises críticas da ICIDH:

---
[53] Op. cit., p. 12.
[54] Idem, ibidem.

1) porque rapidamente a ICIDH tornou-se o vocabulário corrente no campo das políticas públicas para a deficiência;

2) dada a força política da OMS internacionalmente, o modelo social corria o risco de ser um debate ultrapassado.

AS CRÍTICAS À ICIDH

Teve início uma fase de grande crescimento intelectual para o modelo social da deficiência. As publicações procuravam demonstrar a fragilidade da ICIDH para o enfrentamento da questão política da deficiência. Segundo Oliver e Sarnes, seria possível resumir a cinco pontos as críticas dos teóricos do modelo social à ICIDH.[55]

O primeiro ponto era relativo à representatividade do documento. O documento foi produzido por pessoas que não tinham experiência *na* deficiência, mas apenas *sobre* a deficiência, o que, para os teóricos do modelo social, representava uma fronteira ética importante. O modelo social marcou a assunção da autoridade fenomenológica da experiência do corpo deficiente para a discussão sobre deficiência.[56] Não é sem razão o fato de que a vasta maioria dos teóricos do modelo social era deficiente.

O segundo ponto referia-se aos fundamentos morais do documento. A tipologia proposta pela ICIDH baseava-se em pres-

---

[55] Michael Oliver & Colin Barnes, *Disabled People and Social Policy: from exclusion to inclusion*. London: Longman, 1998.

[56] A ideia de que a experiência do corpo deficiente favorecia a compreensão do fenômeno sociológico da opressão é um tema central às pesquisas da geração mais recente de teóricos do modelo social. Ver, por exemplo, as coletâneas: Colin Barnes; Michael Oliver; Len Barton, *Disability Studies Today*. Cambridge: Polity Press, 2002; Mairian Corker; Tom Shakespeare, *Disability/Postmodernity: embodying disability theory*. London: Continuum, 2002.

suposições de normalidade para a pessoa humana. Assim como haveria a expectativa do normal, seria possível classificar os desvios, perigosamente descritos como anormais. Para a ICIDH, a deficiência era uma ruptura no papel que se esperava que um indivíduo típico da espécie exercesse. Apesar de o documento não discutir a categoria "anormal", essa foi uma inferência dos críticos do modelo social partindo da definição de normalidade como a pessoa não deficiente típica de um grupo populacional.

O terceiro ponto, e certamente a crítica mais importante do modelo social, denunciava os equívocos da causalidade entre lesão e deficiência. Antes mesmo da ICIDH, o modelo social já mostrava imprecisões no sistema classificatório do modelo médico, o qual pressupunha que as desvantagens experimentadas pelos deficientes resultavam exclusivamente das lesões. O enfoque biomédico desconsiderava a hipótese inversa, isto é, a possibilidade de os contextos oprimirem as pessoas com lesões e as segregarem socialmente. Ou seja, o modelo social resistia à tese de que a lesão levaria necessariamente à experiência da desigualdade pela deficiência.

O quarto ponto dizia respeito à intervenção no corpo deficiente. A ICIDH era uma expansão da CID, isto é, um registro biomédico de doenças, especializado em lesões e deficiências. Além disso, o fato de a ICIDH ser um documento da "família das classificações de doenças" da OMS aproximava a deficiência da doença, dois universos ora próximos, ora distantes para os teóricos do modelo social. O fato é que o alargamento do discurso biomédico sobre a deficiência, bem como a aproximação da deficiência às doenças, fortaleciam ações medicalizantes sobre o corpo deficiente, ao mesmo tempo em que afastavam o debate das perspectivas sociológicas.

O quinto ponto era de ordem política. A ICIDH localizava a origem das desvantagens nas lesões, isto é, no indivíduo. Era o corpo com lesões a questão a ser enfrentada. Essa ideia descrevia a deficiência como um problema individual, e não sociológico. No campo das políticas públicas, a perspectiva da deficiência como tragédia individual ou limitação corporal significava que as ações prioritárias seriam medidas sanitárias, de reabilitação, e não de proteção social ou de reparação da desigualdade. Acreditava-se que a tensão entre deficiência como questão individual e deficiência como questão social teria implicações no estabelecimento de prioridades políticas, tanto na esfera da saúde pública quanto na dos direitos humanos.

A ICIDH foi um documento que medicalizou a deficiência em grande parte dos países com medicina avançada.[57] Para os teóricos do modelo social, houve uma ruptura nas conquistas políticas que vinham sendo lentamente implementadas, em especial no Reino Unido e nos Estados Unidos. Os vinte anos seguintes, até a divulgação da revisão do documento, com a publicação da *Classificação Internacional de Funcionalidade, Deficiência e Saúde* (CIF), foram de acirrados debates e, diferentemente do que se previa na *Introdução* da ICIDH, não só o conceito de *handicap* foi considerado inadequado, como também o de lesão e deficiência.[58]

---

[57] Gareth Williams, Theorizing Disability. in Gary L. Albrecht; Katherine D. Seelman; Michael Bury, *Handbook of Disability Studies*. London: Sage, 2001, pp. 123-143.

[58] World Health Organization. International Classification of Impairments, Disabilities, and Handicaps (ICIDH), Geneva, 1980. A CIF foi traduzida no Brasil como Classificação Internacional de Funcionalidade, Incapacidade e Saúde. Por considerar que, no marco do modelo social, que atuou diretamente na revisão do documento, a melhor tradução para disability é deficiência, adotei como título Classificação Internacional de Funcionalidade, Deficiência e Saúde.

Como a lesão e a deficiência são variáveis descritas em termos biomédicos, isto é, com base em estatísticas de normalidade e em curvas de variação sobre os padrões corporais, acreditava-se que a controvérsia em torno dos conceitos de lesão e deficiência seria menor, o que de fato não ocorreu. A demanda dos movimentos sociais de deficiência era por descrever as lesões como uma variável neutra da diversidade corporal, entendendo-se corpo como um conceito representativo da biologia humana. O sistema proposto pela ICIDH não apenas classificava a diversidade corporal como consequência de doenças ou anormalidades, como também considerava que as desvantagens eram causadas pela incapacidade do indivíduo com lesões de se adaptar à vida social.

Para a OMS, lesão era uma condição necessária à deficiência, uma conexão que retirava o sentido sociológico da lesão proposto pelo modelo social e fundamentava a deficiência em termos estritamente biológicos: era a natureza quem determinava a desvantagem, e não os sistemas sociais ou econômicos. Argumentou-se que o conceito de *handicap* resgataria o que se chamou de "componente extrínseco" da deficiência, ou seja, suas variáveis não biomédicas. A tese do "componente extrínseco" da deficiência esteve reservada a um apêndice pouquíssimo explorado no modelo tripartido da ICIDH, a tal ponto que alguns autores consideraram o componente um conceito sem significado teórico para as propostas classificatórias do documento.[59]

---

[59] Steven D. Edwards, Dismantling the Disability/Handicap Distinction, *The Journal of Medicine and Philosophy*, n. 22, 1997, pp. 589-606.

Em termos ideológicos, devolviam-se as consequências da lesão ao indivíduo, pois a experiência de *handicap* era resultado das lesões e não das barreiras sociais ou do capitalismo, como propunham os teóricos do modelo social. Essa era uma inversão causal perigosa, uma vez que se supunha que as pessoas eram mais maleáveis que os contextos. O argumento de que os contextos causariam lesões e deficiências, como havia sido proposto por Abberley ao analisar as estatísticas inglesas das causas da artrite, foi largamente ignorado.

A REVISÃO DA ICIDH E A CIF

A revisão da ICIDH teve início na década de 1990 e foi encerrada em 2001, com a divulgação da *Classificação Internacional de Funcionalidade, Deficiência e Saúde* (CIF).[60] O processo de revisão contou com a participação de diversas entidades acadêmicas e de movimentos sociais de deficientes. Além disso, a revisão foi tema de seminários em diversos países, onde se discutiram versões parciais do documento. As análises do impacto político, sanitário e ético da CIF estão apenas começando, mas é notável a mudança de perspectiva entre os documentos: passou-se de deficiência como consequência de doenças (ICIDH) para deficiência como pertencente aos domínios de saúde (CIF).[61]

---

[60] World Health Organization. International Classification of Functioning, Disability and Health (ICF). Geneva, 2001. Em língua portuguesa centro colaborador da organização mundial da saúde para a família de classificações internacionais (org.). CIF: Classificação Internacional de Funcionalidade, Incapacidade e Saúde. São Paulo: Editora da Universidade de São Paulo, 2003. Michael Bury. A Comment on the ICIDH-2. Disability and Society, v. 15, n. 7, 2000, pp. 1073-1077.
[61] World Health Organization. International Classification of Functioning, Disability and Health (ICF). Geneva, 2001

Os domínios de saúde são descritos pela CIF com base no corpo, no indivíduo e na sociedade, e não somente das doenças ou de suas consequências, tal como proposto pela ICIDH. O principal objetivo da CIF foi instituir um novo vocabulário, capaz de correlacionar os três domínios de saúde em igualdade de importância de modo a facilitar a compreensão das funcionalidades e das deficiências.[62] O vocabulário inaugurado pela CIF é sofisticado, e um entendimento preciso dos conteúdos de cada categoria exige certo treino. Para que seja possível comparar a proposta da CIF com a da ICIDH, alguns conceitos são centrais:

Atividade: é a execução de uma tarefa ou ação por um indivíduo. Representa a perspectiva individual de funcionamento;

Barreiras: são os fatores ambientais cuja presença ou ausência limitam o funcionamento de um indivíduo e criam a deficiência;

Bem-estar: é um termo geral que abrange todos os domínios da vida humana, incluindo os aspectos físicos, mentais e sociais, e que torna possível o que se chama de "vida boa";

Capacidade: é um constructo que, como um qualificador, indica o mais alto nível de funcionamento que um indivíduo pode alcançar em determinado domínio e em dado momento. Descreve a habilidade do indivíduo para executar uma tarefa ou ação. A capacidade reflete o ambiente ajustado às habilidades dos indivíduos;

Condição de saúde: é um conceito guarda-chuva para doença, desordem e trauma;

---

[62] Op. cit., p. 18.

Constructos: são componentes dos funcionamentos e da deficiência;

Corpo: refere-se ao organismo humano como um todo;

Deficiência: caracteriza-se pelo resultado de um relacionamento complexo entre as condições de saúde de um indivíduo e os fatores pessoais e externos. É um conceito guarda-chuva para lesões, limitações de atividades ou restrições de participação. Denota os aspectos negativos da interação entre o indivíduo e os fatores contextuais;

Desempenho: é um constructo que, como um qualificador, descreve o que um indivíduo faz em seu ambiente. Também pode ser entendido como o "envolvimento em uma situação de vida";

Domínios de saúde ou *domínios relacionados à saúde:* são todos os aspectos da saúde humana e alguns componentes de bem-estar importantes para a saúde;

Estruturas corporais: são as partes anatômicas do corpo. O padrão para essas estruturas é a norma estatística para os seres humanos;

Facilitadores: são os fatores cuja presença ou ausência no ambiente em que se encontra a pessoa melhoram o funcionamento e reduzem a deficiência;

Fatores ambientais: resumem o ambiente físico e social, bem como as atitudes presentes onde os indivíduos vivem. São fatores externos ao indivíduo e podem ter influências negativas ou positivas sobre ele;

Fatores contextuais: representam a vida do indivíduo. Incluem dois componentes: fatores ambientais e fatores pessoais;

Fatores pessoais: não são classificados pela CIF. Podem incluir gênero, raça, idade e outras condições, como educação, hábitos, estilo de vida etc.;

Funcionamento: é um conceito guarda-chuva que engloba todas as funções e estruturas corporais, bem como as atividades e a participação. Representa os aspectos positivos da interação entre o indivíduo e os fatores contextuais;

Funções corporais: são as funções fisiológicas e psicológicas dos sistemas corporais;

Lesões: são problemas na função corporal ou na estrutura, como desvios ou perdas significativas. No sentido médico, as lesões não são patologias, mas as manifestações das patologias. As lesões são determinadas por um desvio de uma categoria genérica aceita para os padrões de determinada população;

Limitações de atividades: são dificuldades que um indivíduo pode ter ao executar as atividades;

Participação: é o envolvimento nas situações de vida. Um indicador possível de avaliação da participação é o desempenho;

Restrições de participação: são problemas que um indivíduo pode experimentar no envolvimento em situações de vida. A presença de uma restrição de participação é determinada comparando-se a participação de um indivíduo com o que se espera de um indivíduo sem deficiência em determinada cultura ou sociedade.

Houve um esforço por redescrever a ICIDH em termos sociológicos, por isso a ênfase em avaliar as atividades e participações dos indivíduos em diferentes domínios da vida.[63] Isso não

---

[63] Tom Shakespeare, Disability: a complex interaction, in ___, *Disability Rights and Wrongs*. London: Routledge, 2006, pp. 54-67.

deve ser entendido como um abandono da perspectiva biomédica sobre a deficiência, até mesmo porque a CIF é um documento de autoria da OMS. O contexto de saúde e doença foi um dos pontos de partida para a avaliação da deficiência, mas se enfatizou a importância de outros domínios para a compreensão desse fenômeno.[64]

A CIF não é um instrumento para identificar as lesões nas pessoas, mas para descrever situações particulares em que as pessoas podem experimentar desvantagens, as quais, por sua vez, são passíveis de serem classificadas como deficiências em domínios relacionados à saúde. Essa passagem das "consequências das doenças" para os "domínios de saúde" foi resultado de um esforço explícito da OMS em reconhecer algumas das premissas do modelo social:

> A CIF baseia-se na integração desses dois modelos opostos (social e médico). No intuito de recuperar a integração das várias perspectivas de funcionamento, a abordagem "biopsicossocial" é utilizada. Nesse sentido, a CIF almeja atingir uma síntese, a fim de propiciar uma visão coerente de diferentes perspectivas da saúde, a partir das perspectivas biológica, individual e social.[65]

O desafio da CIF era, portanto, vencer a expectativa de que seria um documento apenas sobre lesões ou deficiências. Sua ambi-

---

[64] Rob Imrie. Demystifying Disability: a review of the International Classification of Functioning, Disability and Health. Sociology of Health & Illness, v. 26, n. 3, 2004, pp. 287-305.
[65] WHO, op. cit., p. 20.

ção era se posicionar como um catálogo sobre funcionamentos, atividades e participações.

Para se ter uma ideia da abrangência e do vanguardismo da CIF, um exercício interessante é analisar estados considerados de doença ou deficiência à luz da nova linguagem.[66] Uma pessoa pode ter lesões sem experimentar limitações de capacidade, como é o caso de alguém com cicatrizes de queimadura na face. Por outro lado, uma pessoa pode ter apenas expectativas de lesões, e já experimentar limitações de desempenho e restrições de participação. Esse seria o caso, por exemplo, de alguém que conheça sua propensão genética para uma doença que só se desenvolverá na terceira ou quarta década de vida, como ocorre com a Doença de Huntington. A mesma situação aplica-se a alguém que seja HIV positivo, porém assintomático.

É possível ainda imaginar uma pessoa com lesões e limitações de desempenho, porém sem restrições de capacidade. Essa situação se aplicaria a alguém com lesão medular em um ambiente sensível à cadeira de rodas, por exemplo. É possível uma pessoa ter problemas de desempenho e limitações de atividades, mas sem lesões aparentes. Pessoas com doenças crônicas estariam nesse grupo. Por fim, é possível uma pessoa ter problemas de desempenho sem ter limitações de capacidade ou lesões. Um exemplo seria o de pessoas que sofrem discriminação por várias doenças, entre elas as doenças mentais.

Uma série de situações pode ser analisada com base na linguagem da CIF, muitas das quais jamais seriam imaginadas

---

[66] Op. cit., p. 19.

como deficiência. Deficiência passou a ser um fenômeno de múltiplas causalidades, o qual, apesar de ainda se encontrar no universo biomédico, se expandiu para outros domínios, como proposto pelo modelo social. Esse encontro entre as diferentes perspectivas mostrou que o modelo médico não era suficiente para entender a experiência da deficiência. A contribuição do modelo social à CIF foi notável. Mas, por outro, a discussão provocada pelo modelo biopsicossocial também abalou alguns dos pilares do modelo social, como a hipótese de que o corpo e suas variações eram expressões neutras da diversidade humana.[67]

O MODELO SOCIAL NA CIF

O *Anexo 5* da CIF é dedicado ao tema da deficiência. Muito embora se resuma a apenas duas páginas, ele é uma seção central para entender a contribuição dos teóricos do modelo social à revisão da ICIDH. O parágrafo de abertura do Anexo é um agradecimento à Internacional de Deficientes (DPI) pela participação ativa no processo de revisão. A nenhuma outra entidade, fosse ela de organização profissional ou movimento social, foi concedido um espaço de agradecimento formal como aquele reservado à DPI.

Em resposta à crítica feita correntemente pelos teóricos do modelo social à ICIDH, o documento atestava que "a OMS reconhece a importância da completa participação das pessoas com deficiência e de suas organizações na revisão da classifica-

---

[67] Tom Shakespeare, Critiquing the Social Model, in ____, *Disability Rights and Wrongs*. London: Routledge, 2006, pp. 29-53.

ção de funcionamentos e deficiência". Por isso o agradecimento à DPI é tão significativo.[68] Assim como no modelo social, as escolhas terminológicas foram também consideradas um ponto-chave do debate.

Tal como a Upias e os teóricos do modelo social já vinham insistindo nas décadas de 1980 e 1990, o termo de língua inglesa *handicap* era pernicioso para as comunidades de deficientes. Por isso foi definitivamente descartado na CIF. O conceito de deficiência, por sua vez, foi abandonado como um componente pessoal, tendo-se transformado em uma categoria guarda-chuva para indicar os aspectos negativos de restrições de capacidades, desempenhos e participação.[69]

Segundo os termos da CIF:

> Resta, no entanto, a difícil questão de qual seria a melhor maneira de se referir aos indivíduos que experimentam algum nível de limitação funcional ou restrição. A CIF usa o termo 'deficiência' para expressar um fenômeno multidimensional resultante da interação entre as pessoas e seus ambientes físicos e sociais.[70]

Nesse sentido, a CIF aproximou-se da proposta do modelo social de qualificar a deficiência como uma experiência de segregação e opressão, enfatizando o resultado negativo da interação entre o corpo com lesões e a sociedade.

---

[68] WHO, op. cit., p. 242.
[69] Juan Bornman, The World Health Organization's Terminology and Classification: application to severe disability. Disability and Rehabilitation, v. 26, n. 3, 2004, pp. 182-188.
[70] WHO, op. cit., p. 242.

Dessa tentativa de aproximação dos modelos médico e social, a fim de construir um sistema classificatório mais sensível à experiência da deficiência como opressão, restou um duplo desafio.[71] O primeiro é o de convencer diferentes comunidades a utilizarem a CIF como sistema de classificação internacional para o conhecimento da deficiência. A tarefa não é simples, pois o fato de a deficiência ser um fenômeno de várias dimensões exige que outros profissionais, além dos próprios deficientes, se agreguem às equipes de especialistas. O segundo desafio é que o fundamento político do documento – de que a deficiência é resultado tanto das barreiras ambientais quanto das condições de saúde ou das lesões – deve ser transformado em agendas internacionais de pesquisa, a fim de se ter uma avaliação dos avanços da CIF.

---

[71] Op. cit., p. 243.

DEFICIÊNCIA, FEMINISMO E CUIDADO

A SEGUNDA GERAÇÃO DO MODELO SOCIAL

A primeira geração de teóricos do modelo social assumiu duas metas como prioritárias. A primeira foi a de alargar a compreensão da deficiência como uma questão multidisciplinar, e não exclusiva do discurso médico sobre a lesão. O esforço acadêmico foi por instituir centros de pesquisa e cursos sobre deficiência nas humanidades.[72] O segundo objetivo foi o de promover uma leitura sociológica: de que a experiência da opressão pela deficiência era resultado da ideologia capitalista. O materialismo histórico consolidou-se como a teoria de sucesso entre os herdeiros ime-

---

[72] Simi Linton, *Glaiming Disability: knowledge and identity*. New York: New York University Press, 1998.

diatos da Upias.⁷³ A entrada de abordagens pós-modernas e de críticas feministas, nos anos 1990 e 2000, definiu a segunda geração de teóricos do modelo social.⁷⁴

Mas em que a crítica feminista abalaria um modelo tão consistente? As premissas do modelo social da deficiência pautavam-se nos estudos de gênero e feminismo, ou seja, considerava-se imoral a desigualdade e lutava-se contra a opressão. A analogia entre a opressão do corpo deficiente e o sexismo era um dos pilares que sustentavam a tese dos deficientes como minoria social. Assim como as mulheres eram oprimidas por causa do sexo, os deficientes eram oprimidos por causa do corpo com lesões – essa era uma aproximação argumentativa que facilitava a tarefa de dessencializar a desigualdade.

A perspectiva de gênero esteve timidamente presente na estruturação do modelo social, com autoras que demonstraram as particularidades da deficiência entre mulheres e analisaram a experiência reprodutiva de mulheres deficientes.⁷⁵ Inicialmente, havia uma aparente harmonia de perspectivas entre a epistemologia feminista e o modelo social.

---

[73] Tom Shakespeare, The Family of Social Approaches e Critiquing the Social Model, in ___, *Disability Rights and Wrongs*. London: Routledge, 2006, pp. 9-53.
[74] Mairian Corker & Tom Shakespeare. *Disability/Postmodernity: embodying disability theory*. London: Continuum, 2002.
[75] Jenny Morris foi uma das teóricas britânicas presentes nos estudos sobre deficiência desde o início (Jenny Morris, Able Lives: women's experience of paralysis. London: The Women's Press, 1989. Jenny Morris, Pride Against Prejudice: transforming attitudes to disability. London: The Women's Press, 1991. Jenny Morris, Independent lives? Community care and disabled people. London: The Macmillan Press, 1993; Jenny Morris, Encounters with Strangers: feminism and disability. London: The Women's Press, 1996). Tom Shakespeare foi um dos autores que propuseram a transposição de sistemas teóricos de gênero, em especial as dicotomias estruturalistas de natureza e cultura, para os estudos sobre deficiência (ver especialmente o artigo de vanguarda originalmente publicado em 1994: Tom Shakespeare, Cultural Representation of Disabled People: dustbins for disavowal?, in Len Barton & Michael Oliver, *Disability Studies: past, present and future*. Leeds: The Disability Press, 1997, pp. 217-236).

O que a segunda geração de teóricas mostrou, porém, foi que considerar seriamente os papéis de gênero e a experiência do cuidado desestabilizaria algumas das premissas do modelo social.[76]

A primeira geração de teóricos do modelo social da deficiência partia de duas afirmações:

1) As desvantagens resultavam mais diretamente das barreiras que das lesões;

2) retiradas as barreiras, os deficientes seriam independentes. A premissa do modelo social era a da independência como um valor ético para a vida humana, e o principal impeditivo da independência dos deficientes eram as barreiras sociais, em especial as barreiras arquitetônicas e de transporte. O agente responsável por impedir que os deficientes experimentassem a independência era a organização social capitalista.

Durante quase duas décadas, a premissa da independência como um valor ético para o modelo social mantevese livre de críticas. Os primeiros teóricos do modelo social eram homens, em sua maioria portadores de lesão medular, que rejeitavam não apenas o modelo médico curativo da deficiência, como também toda e qualquer perspectiva caritativa perante a deficiência.[77] Princípios como o cuidado ou os benefícios compensatórios para o deficiente não estavam na agenda de discussões, pois se pressupunha que o deficiente seria uma pessoa tão potencialmente produtiva como

---

[76] O uso do gênero feminino para descrever as teóricas feministas da segunda geração do modelo social deve-se ao fato de que a vasta maioria delas era mulher, bem como o uso do feminino para o conceito de cuidadoras.
[77] Carol Thomas, Defining Disalibity: the social model, in ____, *Female Forms: experiencing and understanding disability*. Buckingham: Open University, 1999, pp. 13-32.

o não deficiente, sendo apenas necessária a retirada das barreiras para o desenvolvimento de suas capacidades.

As teóricas feministas foram as primeiras a apontar o paradoxo que acompanhava as premissas do modelo social. Por um lado, criticava-se o capitalismo e a tipificação do sujeito produtivo como não deficiente; mas, por outro, a luta política era por retirar as barreiras e permitir a participação dos deficientes no mercado de trabalho. Ou seja, a aposta era na inclusão, e não na crítica profunda a alguns dos pressupostos morais da organização social em torno do trabalho e da independência.

A CRÍTICA FEMINISTA

As teóricas feministas trouxeram à tona temas esquecidos na agenda de discussões do modelo social. Falaram do cuidado, da dor, da lesão, da dependência e da interdependência como temas centrais à vida do deficiente. Elas levantaram a bandeira da subjetividade do corpo lesado, discutiram o significado da transcendência do corpo por meio da experiência da dor, e assim forçaram uma discussão não apenas sobre a deficiência, mas sobre o que significava viver em um corpo doente ou lesado. Assim como os homens da primeira geração do modelo social, as teóricas feministas também tinham a autoridade da experiência do corpo com lesões – eram deficientes. Mas, diferentemente deles, havia algumas teóricas não deficientes que reclamavam uma nova autoridade: de cuidadoras de deficientes.

Foram as feministas que introduziram o debate sobre as restrições intelectuais, sobre a ambiguidade da identidade deficiente em casos de lesões não aparentes e, o mais revolucionário e estrategicamente esquecido pelos teóricos do modelo social, sobre o papel das cuidadoras dos deficientes. Também foram as feministas que passaram a falar nos "corpos temporariamente não deficientes", insistindo na ampliação do conceito de deficiência para condições como o envelhecimento ou as doenças crônicas.[78] Diferentemente dos teóricos do modelo social, muitas feministas não hesitaram em pôr lado a lado a experiência das doenças crônicas e das lesões, considerandoas igualmente como deficiências, como propunham os precursores da sociologia médica nos Estados Unidos.[79]

Por fim, foram as feministas que mostraram que, para além da experiência da opressão pelo corpo deficiente, havia uma convergência de outras variáveis de desigualdade, como raça, gênero, orientação sexual ou idade.[80] Ser uma mulher deficiente ou ser uma mulher cuidadora de uma criança ou adulto deficiente era uma experiência muito diversa daquela descrita pelos homens com lesão medular que iniciaram o modelo social da deficiência. Para as teóricas feministas da segunda geração, aqueles primeiros teóricos eram membros da elite dos deficientes, e suas análises reproduziam sua inserção de gênero e classe na sociedade.

---

[78] Susan Wendel. *The Rejected Body: feminist philosophical reflections on disability*. New York: Routledge, 1996.
[79] Susan Wendell afirmou: "qualquer compreensão feminista da que queira ser adequada deve incluir as doenças crônicas" (Susan Wendell. Unhealthy Disabled: treating chronic illnesses as disabilities. *Hypatia*, v. 16, n. 2, Fall, 2001, p. 17). Esse era um tema delicado para os primeiros teóricos do modelo social por causa do risco de estigmatização da deficiência pela proximidade com o corpo doente. No campo da sociologia médica, recomenda-se a leitura do trabalho do sociólogo estadunidense deficiente Irving Zola (Irving Zola, *Missing Pieces: a chronicle of living with a disability*. Philadelphia: Temple University Press, 1982).
[80] Model of Disability and the Disappearing Body: towards a sociology of impairment, *Disability & Society*, v. 12, n. 3, 1997.

A crítica feminista vem sendo extensa nos estudos sobre deficiência. Grande parte das feministas não discorda da tese de que as estruturas sociais oprimem o deficiente, em especial os deficientes mais vulneráveis. Há não só uma relação de proximidade entre o feminismo e as premissas teóricas do modelo social, como também enorme preocupação de que a crítica feminista não se converta em um bloco opositor às conquistas argumentativas do modelo social perante o modelo médico. Deve-se entender a crítica feminista como parte de um processo de revigoramento e expansão do modelo social, e não como uma crítica externa e opositora.[81]

Os argumentos feministas apresentam uma dupla face: por um lado, revigoram a tese social da deficiência e, por outro, acrescentam novos ingredientes ao enfrentamento político da questão. As perspectivas feministas desafiaram tanto os teóricos do modelo social quanto os proponentes do modelo médico: ambos se confrontaram com questões jamais discutidas no campo da deficiência. Há três pontos que resumem a força da argumentação feminista nos estudos sobre deficiência:

1) a crítica ao princípio da igualdade pela independência;
2) a emergência do corpo com lesões;
3) a discussão sobre o cuidado.

---

[81] Esse compromisso com as premissas do modelo social não é exclusivo das críticas feministas, mas da nova geração de teóricos sobre a deficiência. Um exemplo é o artigo de Bill Hughes e Keven Paterson, The Social ael Oliver, publicado na *Disability Studies: past, present and future*. Leeds: The Disability Press, 1997.

IGUALDADE NA INTERDEPENDÊNCIA

O modelo social da deficiência constituiu-se como um projeto de igualdade e justiça para os deficientes. Mas, para as feministas, a bandeira política "os limites são sociais, não do indivíduo" não representava a totalidade das demandas por justiça de diferentes grupos de deficientes. A ambição por independência era um projeto moral que se adequava às aspirações das pessoas não deficientes, em especial de homens em idade produtiva. Para a crítica feminista, o modelo social não forçou uma revisão dos valores morais esperados para homens produtivos; o que se procurou foi garantir a inclusão de homens deficientes na vida social.

O lema de uma das mais importantes organizações britânicas de deficientes – "o direito ao trabalho é um direito humano fundamental" – é exemplar para se compreender as pretensões dos primeiros teóricos e representantes dos movimentos sociais: incluir o deficiente no projeto social do trabalho produtivo.[82] Por mais desafiadora que fosse a redescrição da deficiência em termos de opressão, o modelo social não tinha sido suficiente para provocar as estruturas morais mais profundas das sociedades, pois valores como autonomia, independência e produtividade se mantiveram na pauta das negociações políticas.

O argumento do modelo social era o de que a eliminação das barreiras permitiria que os deficientes demonstrassem sua

---

[82] Paul Abberley. The Limits of Classical Social Theory in the Analysis and Transformation of Disablement – (can this really be the end; to be stuck inside of Mobile with the Memphis blues again?), in Len Barton; Michael Oliver, *Disability Studies: past, present and future*. Leeds: The Disability Press, 1998.

capacidade e potencialidade produtiva. Essa ideia foi duramente criticada pelas feministas, pois era insensível à diversidade de experiências da deficiência. A sobrevalorização da independência é um ideal perverso para muitos deficientes incapazes de vivê-lo. Há deficientes que jamais terão habilidades para a independência ou capacidade para o trabalho, não importa o quanto as barreiras sejam eliminadas.[83]

Para muitos deficientes, a demanda por justiça ampara-se em princípios de bem-estar diferentes dos da ética individualista. A interdependência, por exemplo, é um valor moral que a primeira geração de teóricos do modelo social desconsiderou e que o feminismo considerou prioritário. O princípio de que a independência seria uma meta alcançável por meio da eliminação de barreiras foi reforçado a tal ponto que discutir as necessidades específicas do corpo com lesões se converteu em tabu político. Não havia dor, sofrimento ou limites corporais para os primeiros teóricos: o corpo foi esquecido em troca do projeto de independência.[84]

As narrativas sobre a experiência de viver em um corpo lesado ou doente reservavam-se à vida privada, pois eram indícios contrários à negociação pública de que a deficiência estava na sociedade e não no indivíduo. Reconhecer que o corpo lesado impunha dor ou sofrimento era abrir uma porta perigosa para a essencialização da deficiência, um receio que não foi atenuado nem mesmo pelo fato de os primeiros teóricos experimentarem

---
[83] Eva Kitiay, *Love's Labor: essays on women, equality, and dependency*. New York: Routledge, 1999.
[84] Simi Linton mostra que esses eram temas da esfera privada dos precursores do modelo social (Simi Linton, *Claiming Disability: knowledge and identity*. New York: New York University Press, 1998).

a deficiência. Ser deficiente era antes o passaporte de entrada na comunidade de teóricos do modelo social – um argumento de autoridade – que uma estratégia de considerar o privado também político, como viam as feministas.

As feministas mostraram o quanto o modelo social era uma teoria desencarnada da lesão.[85] Mas essa aproximação do modelo social de narrativas sobre o corpo com lesões não foi feita sem hesitações e temores políticos. Jenny Morris, ao criticar o silêncio dos teóricos do modelo social sobre o corpo, reconheceu que:

> Tenho medo de que nós comecemos a falar sobre os aspectos negativos de viver com lesões ou doenças, pois os não deficientes se virarão para nós e dirão: "é exatamente isto, nós sempre soubemos que a vida de vocês não a vale a pena ser vivida".[86]

Ou seja, a crítica aos fundamentos políticos que supunham a separação radical entre lesão e deficiência não poderia prescindir da cautela por parte das feministas comprometidas com o modelo social.

---

[85] A recuperação feminista do corpo coincidiu com a expansão dos estudos socioantropológicos sobre o tema nos anos 1990, muito embora a sociologia do corpo se mantenha distante dos estudos sobre deficiência. Paul Abberley defendia a importância de uma sociologia da lesão, muito embora sua preocupação fosse a de demonstrar o caráter socialmente construído da ideia de lesão. Paul Abberley, The Concept of Oppression and the Development of a Societal Theory of Disability. Disability, Handicap & Society, v. 2, n. 1, 1987.
[86] Jenny Morris. Impairment and Disability: constructing an ethics of care that promotes human rights. *Hypathia*, v. 16, n. 4, Fall, 2001, p. 8.

A EMERGÊNCIA DO CORPO COM LESÕES

Mas o resultado do silêncio em torno da subjetividade do sofrimento, da proposta de separação entre público e privado e da defesa da independência como meta política foi um projeto de justiça não suficientemente revolucionário para as perspectivas feministas. No final das contas, os ideais de autonomia e produtividade não foram revistos à luz dos desafios impostos pelas lesões mais graves e crônicas. A ânsia da primeira geração de teóricos do modelo social era por redescrever como "ordinários" os corpos dos deficientes físicos, denominados pela filósofa Susan Wendell "corpos rejeitados".[87]

Foi assim que o corpo com lesões, além se ver convertido em ordinário pela ideologia da normalização, se viu domesticado pela ideologia que supõe a possibilidade total de controle do corpo.[88] O deficiente produtivo seria aquele que controlaria seu próprio corpo e, portanto, seria capaz de exibir suas capacidades e habilidades. O resultado dessa separação radical entre lesão e experiência da deficiência foi que o corpo com lesões ficou confinado às narrativas biomédicas, sendo ainda um objeto de controle disciplinar médico.

Para os sociólogos Bill Hughes e Kevin Paterson:

> Há uma forte convergência entre a biomedicina e o modelo social da deficiência no que se refere ao corpo.

---

[87] Susan Wendell, *The Rejected Body: feminist philosophical reflections on disability*. New York: Routledge, 1996, p. 85. A iniciativa de descrever os corpos deficientes como corpos ordinários foi discutida por: Michael Oliver. "The Structuring of Disabled Identities", in ___, The Politics of Disablement. London: MacMillan, 1990.
[88] Susan Wendell, op. cit.

Ambos o tratam como se fosse pré-social, inerte, um objeto físico, palpável e separado do self.[89]

Curiosamente, esse esquecimento do corpo pelo modelo social se deu no momento de maior desenvolvimento acadêmico da sociologia do corpo. O modelo social não ameaçou a soberania do modelo médico no controle do corpo com lesões, e ainda hoje esse controle é um espaço de tensões argumentativas intensificadas com a entrada de perspectivas pós-modernas no debate.[90]

As teorias feministas desafiaram não só o tabu do corpo deficiente como, principalmente, a falsa suposição de que todos os deficientes almejariam a independência ou mesmo seriam capazes de experimentá-la como proposto pelos teóricos do modelo social. Com o argumento de que todas as pessoas são dependentes em diferentes momentos da vida, seja na infância, na velhice ou na experiência de doenças, um grupo de feministas introduziu a ideia da igualdade pela interdependência como um princípio mais adequado à reflexão sobre questões de justiça para a deficiência.[91]

CUIDADO E DEFICIÊNCIA

"Todos somos filhos de uma mãe" – essa foi a provocação de Eva Kittay, filósofa e cuidadora de uma filha com paralisia

---

[89] Bill Hughes & Keven Paterson. The Social Model of Disability and the Disappearing Body: towards a sociology of impairment. *Disability & Society*, v. 12, n. 3, 1997, p. 329.
[90] Carol Thomas & Mairian Corker, "A Journey around the Social Model", in Mairian Corker & Tom Shakespeare, Disability/Postmodernity: embodying disability theory. London: Continuum, 2002.
[91] Eva Kitiay, op. cit.

cerebral grave, perante a defesa política da interdependência como um valor central do modelo social da deficiência. Kittay desejava introduzir dois novos argumentos sobre justiça no debate sobre a deficiência:

> 1) o cuidado era um princípio ético fundamental às organizações sociais, e foi esquecido em vinte anos de modelo social;
> 2) a interdependência era o valor que melhor expressava a condição humana de pessoas deficientes e não deficientes.[92]

Na contramão de grande parte do debate sociológico britânico, Kittay era uma filósofa estadunidense preocupada em provocar os marcos liberais das teorias de justiça e igualdade. Sua proposta de justiça era a "crítica da igualdade pela dependência", ou seja, a ideia de que as relações de dependência são inevitáveis à vida social. Não apenas os deficientes, as crianças ou os idosos comprovam a tese da dependência de Kittay, mas a própria condição humana se expressa na interdependência, pois "todos somos filhos de uma mãe".[93] São os vínculos de dependência que estruturam as relações humanas, visto que a dependência é algo inescapável à história de vida de todas as pessoas.[94]

---

[92] Op. cit., p. 21.
[93] Op. cit., p. 14.
[94] Op. cit., p. 29.

A afirmação de que, em uma sociedade sem barreiras, os deficientes experimentariam a independência foi a bandeira política que representou os interesses dos deficientes físicos organizadores da Upias. No entanto, as teóricas feministas do cuidado consideraram também os interesses de outros grupos de deficientes: aqueles para os quais a garantia do cuidado era a principal demanda por justiça. Reconhecer que a necessidade do cuidado também é uma demanda dos deficientes foi incômodo para a primeira geração de teóricos do modelo social, em especial porque tal reconhecimento era requerido pelas cuidadoras dos deficientes.

O desafio das teóricas do cuidado foi duplo. Por um lado, era preciso superar o argumento de que a ética caritativa seria revigorada com a emergência do cuidado como princípio de justiça; por outro, era necessário refutar a tese de que o cuidado substituiria o projeto de independência. Aos olhos dos teóricos do modelo social, havia uma ameaça política na defesa do cuidado como garantia de justiça: devolver os deficientes ao espaço da subalternidade e da exclusão social, pois seria mais fácil garantir o cuidado que modificar a ordem social e política que oprimia os deficientes. Para uma sociedade pouco sensível aos interesses dos deficientes, o cuidado era um valor com baixo potencial de subversão da ordem moral.

A tensão entre o argumento feminista do cuidado e os precursores do movimento social ainda se mantém, a tal ponto que Oliver se refere ao conceito de cuidadora como "dinamite ideológica", pois "serve apenas para posicionar os deficientes como pessoas que não cuidam de si e como dependentes e os membros da família como aqueles que cuidam e dão o apoio necessário".[95] Nesse trecho, Oliver toca em questões centrais ao debate sobre o cuidado para o modelo social: além da perspectiva dos deficientes, é preciso também considerar o ponto de vista das cuidadoras dos deficientes. Reconhecer outra autoridade sobre a deficiência que não apenas o deficiente foi algo inquietante para a primeira geração de teóricos do modelo social.

Mas não foram as feministas deficientes que introduziram a discussão sobre o cuidado nas humanidades. A novidade das teóricas feministas foi a releitura dos pressupostos do movimento social da deficiência, em especial os ideais do corpo ordinário e da independência, à luz da experiência não só das mulheres deficientes como também das cuidadoras. A entrada de mulheres não deficientes, porém com experiência sobre a deficiência com cuidadoras, provocou uma revisão de alguns pressupostos do campo e abalou o argumento de autoridade de que era preciso ser deficiente para escrever sobre deficiência.

As feministas cuidadoras não apenas passaram a ser uma voz legítima nos estudos sobre deficiência, mas, principalmente, colocaram a figura da cuidadora no centro do debate sobre justiça e deficiência, denunciando o viés de gênero no liberalismo

---

[95] Michael Oliver; Colin Barnes. Disabled People and Social Policy: from exclusion to inclusion. London: Longman, 1998, p. 8. A tensão provocada pela ética do cuidar é também marca registrada dos estudos feministas. Anita Silvers, por exemplo, filósofa portadora de lesão medular e uma das precursoras dos estudos sobre deficiência, resiste ao argumento do cuidado, pois sustenta que o risco da essencialização do papel feminino é pernicioso; além disso, o cuidar devolve os deficientes ao papel de dependentes (Anita Silvers, Formal Justice, Anita Silvers; David Wasserman; Mary Mahowald, *Disability, Difference, Discrimination: perspectives on justice in bioethics and public policy*. New York: Rowman & Littlefield Publishers, 1998, pp. 13-146). Jenny Morris, por outro lado, contra-argumenta que a ética do cuidar ignora a experiência das mulheres deficientes, tornandoas invisíveis (Jenny Morris, Impairment and Disability: constructing an ethics of care that promotes human rights, *Hypatia*, v. 16, n. 4, Fall 2001).

político. Há desigualdades de poder no campo da deficiência que não serão resolvidas por ajustes arquitetônicos. Apenas princípios da ordem das obrigações morais, como o respeito aos direitos humanos, serão capazes de proteger a vulnerabilidade e a dependência experimentadas por muitos deficientes.[96] A proposta feminista do cuidado diz respeito a relações assimétricas extremas, como é o caso da atenção aos deficientes graves. Erroneamente supõe-se que o vínculo estabelecido pelo cuidado seja sempre temporário: há pessoas que necessitam do cuidado como condição de sobrevivência. Por isso, ele é uma demanda de justiça fundamental.

O cuidado e a interdependência são princípios que estruturam a vida social. Ainda hoje, são considerados valores femininos e, portanto, confinados à esfera doméstica. O principal desafio das teóricas feministas é o de demonstrar a possibilidade de haver um projeto de justiça que considere o cuidado em situações de extrema desigualdade de poder. A revisão do modelo social da deficiência à luz da crítica feminista necessita incorporar:

1) a centralidade da dependência nas relações humanas;
2) o reconhecimento da vulnerabilidade das relações de dependência;
3) o impacto da dependência sobre nossas obrigações morais.

O objetivo final deve ser o de reconhecer as relações de dependência e cuidado como questões de justiça social para deficientes e não deficientes.

---

[96] Eva Kitiay, op. cit.

CONCLUSÃO VI

Não é um ato de ingenuidade assumir a cegueira ou a surdez como um modo de vida. Tampouco se trata de uma tentativa solitária de descrever o mundo em termos mais fraternos às pessoas deficientes. Borges falava de si mesmo quando ditou *A cegueira*, e não de todos os cegos. É um fenômeno recente compreender a deficiência como um estilo de vida particular. Mas, diferentemente de outros modos de vida, a deficiência reclama o "direito de estar no mundo"[97]. E o maior desafio para a concretização desse direito é o fato de que se conhece pouco sobre a deficiência.

---

[97] Leslie Pickering Francis & Anita Silvers. Achieving the right to live in the world: Americans with disabilities and the civil rights tradition, in ____, *Americans with Disabilities: exploring implications of the law for individuals and institutions*. New York: Routledge, 2000, pp. xiii-xxx.

Jacobus tenBroek era professor da Universidade da Califórnia quando escreveu que:

> O mundo em que os deficientes têm o direito de viver é o das ruas, avenidas, escolas, universidades, fábricas, lojas, escritórios, prédios e serviços públicos, enfim, todos os lugares onde as pessoas estão, vão, vivem, trabalham e se divertem.[98]

Nos anos 1960, por ser cego, tenBroek era proibido de executar as atividades mais corriqueiras, como ser servido em um restaurante, hospedar-se em um hotel ou viajar de trem. Muitas das proibições não eram regulamentadas em lei, mas tacitamente incorporadas pelos não deficientes, que consideravam inadmissível um cego transitar pelo espaço público. Não foi por acaso que tenBroek sustentou nas cortes estadunidenses o "direito dos deficientes de estar no mundo como um direito humano".[99]

Há quem diga que a deficiência é um enigma que se experimenta, mas pouco se compreende.[100] Esse caráter enigmático é resultado do processo histórico de opressão e apartação social dos deficientes, uma vez que a deficiência foi confinada à esfera doméstica e privada das pessoas. Nesse contexto de silêncio, o que o modelo social promoveu foi a compreensão da deficiência como uma expressão da diversidade humana, um argumento

---

[98] Jacobus tenBroek, The right to live in the world: the disabled in the law of the torts. *54 California Law Review*, 841, 1966, p. 918.
[99] Op. cit, p. 842.
[100] Gary L. Albrecht; Katherine D. Seelman; Michael Bury, Introduction, in ____, *Handbook of Disability Studies*. London: Sage, 2001, pp. 1-10.

poderoso para desconstruir uma das formas mais brutais de opressão já instituídas – o desprezo pelo corpo deficiente.

Mas ainda conhecemos pouco sobre a diversidade de estilos de vida dos deficientes. Oliver defendia a urgência de estudos históricos e antropológicos sobre os deficientes em diferentes tempos e culturas, pois esses seriam relatos capazes de provocar a tese naturalista da deficiência como um desvio do normal. No entanto, mesmo depois de quase trinta anos de modelo social, poucos são os cientistas sociais que se dedicam ao tema da deficiência. Já um campo onde os relatos sobre deficiência crescem é o das narrativas biográficas e histórias de vida. São relatos de autores deficientes, não deficientes ou cuidadores de deficientes.[101]

A importância dessas narrativas é que elas permitem que os não deficientes se aproximem de um estilo de vida desconhecido. A verdade é que a deficiência é mais do que um enigma: é um desconhecido erroneamente descrito como anormal, monstruoso ou trágico, mas que fará parte da trajetória de vida de todas as pessoas que experimentarem os benefícios da civilização. Com o crescente envelhecimento populacional, a categoria "deficiente" como expressão de uma "tragédia pessoal" perderá o sentido. Ser velho é experimentar o corpo deficiente. Ser velho é viver sob um ordenamento social que oprime o corpo deficiente.[102]

---

[101] Michael Bérubé, *Life as We Know It: a father, a family, and an exceptional child*, New York: Vintage Books, 1996. Oliver W. Sacks, *Um antropólogo em Marte: sete histórias paradoxais*. São Paulo: Companhia das Letras, 1995. Giuseppe Pontiggia. *Nascer duas vezes*. São Paulo: Companhia das Letras, 2002.
[102] Marcelo Medeiros & Debora Diniz, Envelhecimento e Deficiência, in Ana Amélia Camarano, *Muito além dos 60: os novos idosos brasileiros*. Rio de Janeiro: Ipea, 2004, pp. 107-120.

Essa redescrição da deficiência provocará uma revolução na ideologia opressora do corpo deficiente. E o modelo social oferece ferramentas analíticas e políticas para tornar essa revolução ainda mais permanente. O novo desafio dos estudos sobre deficiência será o de não permitir que se perca a força conceitual e política da categoria "deficiência".[103] Afirmar que a deficiência é um estilo de vida não significa iguala-la em termos políticos a outros estilos de vida disponíveis. Há algo de particular no modo de vida da deficiência, que é o corpo com lesão.

O corpo como instância de experiência da opressão foi ignorado pela primeira geração de teóricos do modelo social da deficiência. Porém, com as perspectivas pós-modernas e feministas, fica impossível esquecer que o corpo não é simplesmente a fronteira física de nossos pensamentos. É por meio do corpo que se reclama o direito de estar no mundo. Os deficientes provocam o espanto pelo corpo, a surpresa atávica que no passado fascinou os *freak-shows*.[104] Atualmente, com a proteção dos direitos humanos, os deficientes se anunciam sob o signo da pluralidade e da diversidade de estilos de vida. É nesse novo marco teórico e político que o tema da deficiência assumirá a centralidade da agenda das políticas sociais e de proteção social nas próximas décadas.

---

[103] Lennard Davis, Identity Politics, Disability, and Culture, em Gary L. Albrecht; Katherine D. Seelman; Michael Bury, *Handbaak af Disability Studies*. London: Sage, 2001, pp. 535-545.
[104] Rosemarie Garland Thomson (ed.), *Freakery: cultural spectacles of the extraordinary body*. New York: New York University Press, 1996.

REFERÊNCIAS BIBLIOGRÁFICAS

ABBERLEY, Paul. "The Limits of Classical Social Theory in the Analysis and Transformation of Disablement – (can this really be the end; to be stuck inside of Mobile with the Memphis blues again?)". In: BARTON, Len; OLIVER, Michael. *Disability Studies: past, present and future.* Leeds: The Disability Press, 1997. pp. 25-44.

___. "The Concept of Oppression and the Development of a Social Theory of Disability". *Disability, Handicap & Society,* v. 2, n. 1, pp. 5-19, 1987.

ALBRECHT, Gary L.; SEELMAN, Katherine D.; BURY, Michael. "Introduction". In: ___. *Handbook of Disability Studies.* London: Sage, 2001. pp. 1-10.

ASCH, Adrienne. "Critical Race Theory, Feminism, and Disability: reflections on social justice and personal identity". In: SMITH, Bonnie; HUTCHISON, Beth. *Gendering Disability.* New Brunswick: Rutgers University Press, 2001. pp. 9-44.

BARNES, Colin. "Disability Studies: new or not so new directions?", *Disability & Society,* v. 14, n. 4, pp. 577-580, 1999.

BARNES, Colin; OLIVER, Michael; BARTON, Len. *Disability Studies Today,* Cambridge: Polity Press, 2002.

BARTON, Len; OLIVER, Michael. "Introduction: the birth of disability studies", In: ___. *Disability Studies: past, present and future.* Leeds: The Disability Press, 1997. pp. ix-xiv.

___. *Disability Studies: past, present and future.* Leeds: The Disability Press, 1997.

BÉRUBÉ, Michael. *Life as We Know It*: a father, a family, and an exceptional child. New York: Vintage Books, 1996.

BORGES, Jorge Luis. "La Ceguera". In: ___. *Siete Noches.* Madrid: Alianza Editorial, 1995.

BORNMAN, Juan. "The World Health Organisation's Terminology and Classification: application to severe disability". *Disability and Rehabilitation*, v. 26, n. 3, pp. 182-188, 2004.

BRASIL. *Censo Demográfico 2000*. Disponível em: <http://www.ibge.gov.br>. Acesso em: 1º fev. 2005.

BURY, Michael. "A Comment on the ICIDH-2". *Disability and Society,* v. 15, n. 7, pp. 1073-1077, 2000.

CAMPBELL, Jane. "Growing Pains: disability politics – the journey explained and described". In: BARTON, Len; OLIVER, Michael. *Disability Studies*: *past, present and future.* Leeds: The Disability Press, 1997, pp. 78-89.

CENTRO COLABORADOR DA ORGANIZAÇÃO MUNDIAL DA SAÚDE PARA A FAMÍLIA DE CLASSIFICAÇÕES INTERNACIONAIS (org.), *CIF: Classificação Internacional de Funcionalidade, Incapacidade e Saúde.* São Paulo: Editora da Universidade de São Paulo, 2003.

CORKER, Mairian; SHAKESPEARE, Tom. *Disability/Postmodernity: embodying disability theory*. London: Continuum, 2002.

DAVIS, Lennard. "Identity Politics, Disability, and Culture". In: ALBRECHT, Gary L.; SEELMAN, Katherine D.; BURY, Michael. *Handbook of Disability Studies*. London: Sage, 2001, pp. 535-545.

___. *Enforcing Normalcy: disability, deafness and the body*. London: Verso, 1995.

DPI. *Disabled People's International: Proceedings of the First World Congresso*. Singapore: Disabled People's International, 1982.

EDWARDS, Steven D. Dismanteling the Disability/Handicap Distinction, *The Journal of Medicine and Philosophy*, n. 22 , pp. 589-606, 1997.

FRANCIS, Leslie Pickering; SILVERS, Anita. "Achieving the right to live in the world: Americans with disabilities and the civil rights tradition". In: ___. *Americans with Disabilities: exploring implications of the law for individuals and institutions*. New York: Routledge, 2000, pp. xiii-xxx.

GARLAND, Thomson. Integrating Disability, Transforming Feminist Theory. In: SMITH, Bonnie; HUTCHISON, Beth. *Gendering Disability*. New Brunswick: Rutgers University Press, 2001, pp. 73-106.

GOFFMAN, Erving. *Estigma: notas sobre a manipulação da identidade deteriorada*. 4ª ed. Rio de Janeiro: Guanabara, 1988.

HAHN, Harlan. Disability Policy and the Problem of Discrimination, *American Behavioural Scientist*, v. 28, n. 3, pp. 293-318, 1985.

HUGHES, Bill; PATERSON, Keven. "The Social Model of Disability and the Disappearing Body: towards a sociology of impairment", *Disability & Society*, v. 12, n. 3, pp. 325340, 1997.

HUNT, Paul (ed.). *Stigma: the experience of disability*. London: Geoffrey Chapman, 1966.

IMRIE, Rob. Demystifying Disability: a review of the International Classification of Functioning, Disability and Health. *Socilogy of Health & Illness,* v. 26, n. 3, pp. 287-305, 2004.

INGSTAD, Benedicte; WHYTE, Susan Reynolds. *Disability and Culture.* Berkeley: University of California Press, 1995.

KITTAY, Eva. *Love's Labor: essays on women, equality, and dependency.* New York: Routledge, 1999.

LINTON, Simi. *Claiming Disability: knowledge and identity.* New York: New York University Press, 1998.

MEDEIROS, Marcelo; DINIZ, Debora. "Envelhecimento e Deficiência". In: CAMARANO, Ana Amélia. *Muito além dos 60: os novos idosos brasileiros.* Rio de Janeiro: Ipea, 2004, pp. 107-120.

MEDEIROS, Marcelo; DINIZ, Debora; SQUINCA, Flávia. *Transferências de Renda para a População com Deficiência no Brasil*: análise do Benefício de Prestação Continuada. Pub. Seriada. Texto para Discussão n. 1184. Brasília: Ipea, 2006.

MORRIS, Jenny. "Impairment and Disability: constructing an ethics of care that promotes human rights". *Hypatia,* v. 16, n. 4, pp.1-16, Fall 2001.

___. *Encounters with Strangers: feminism and disability.* London: The Women's Press, 1996.

___. *Independent Lives? Community care and disabled people.* London: The MacMillan Press, 1993.

___. *Pride against Prejudice: transforming attitudes to disability.* London: The Women's Press, 1991.

___. *Able Lives: women's experience of paralysis.* London: The Women's Press, 1989.

NORDENFELTM, Lennart. The Importance of a Disability/Handicap Distinction. *The Journal of Medicine and Philosophy,* n. 22, pp. 607-622, 1997.

OLIVER, Michael. *The Politics of Disablement*. London: Macmillan, 1990.

OLIVER, Michael; BARNES, Colin. *Disabled People and Social Policy: from exclusion to inclusion*. London: Longman, 1998.

OLIVER, Michael; ZARB, Gerry. "The Politics of Disability: a new approach". In: BARTON, Len; OLIVER, Michael. *Disability Studies: past, present and future*. Leeds: The Disability Press, 1997. pp. 195-216.

SACKS, Oliver W. *Um antropólogo em Marte*: sete histórias paradoxais. São Paulo: Companhia das Letras, 1995.

SHAKESPEARE, Tom. "Critiquing the Social Model". In: ___. *Disability Rights and Wrongs*. London: Routledge, 2006, pp. 29-53.

___. "The Family of Social Approaches". In: ___. *Disability Rights and Wrongs*. London: Routledge, 2006, pp. 9-28.

___. "Disability: a complex interaction". In: ___. *Disability Rights and Wrongs*. London: Routledge, 2006, pp. 54-67.

___. "Cultural Representation of Disabled People: dustbins for disavowal?". In: BARTON, Len; OLIVER, Michael. *Disability Studies: past, present and future*. Leeds: The Disability Press, 1997, pp. 217-236.

SHAKESPEARE, Tom; GILLESPIE-SELL, Kath; DAVIES, Dominic. *The Sexual Politics of Disability*. London: Cassell, 1996.

SILVERS, Anita. "Formal Justice". In: SILVERS, Anita; WASSERMAN, David; MAHOWALD, Mary. *Disability, Difference, Discrimination:* perspectives on justice in bioethics and public policy. New York: Rowman & Littlefield Publishers, 1998. pp. 13-146.

STIKER, Henri-Jacques. *A History of Disability*. Michigan: The University of Michigan Press, 1997.

TENBROEK, Jacobus. The right to live in the world: the disabled in the law of the torts. *54 California Law Review,* 841, 1966, pp. 841-919.

THE EXECUTIVE EDITORS. Editorial. *Disability, Handicap & Society,* v. 8, n. 2, pp. 109-110, 1993.

THE EXECUTIVE EDITORS. Editorial. *Disability, Handicap & Society,* v. 2, n. 1, pp. 3-4, 1987.

THOMAS, Carol. "Defining Disalibity: the social model". In: ___. *Female Forms:* experiencing and understanding disability. Buckingham: Open University, 1999, pp. 13-32.

THOMAS, Carol; CORKER, Mairian. "A Journey around the Social Model". In: CORKER, Mairian; SHAKESPEARE, Tom. *Disability/Postmodernity*: embodying disability theory. London: Continuum, 2002, pp. 18-31.

THOMSON, Rosemarie Garland (ed.). *Freakery: cultural spectacles of the extraordinary body.* New York: New York University Press, 1996.

UPIAS. *Fundamental Principles of Disability.* London: Union of the Physically Impaired Against Segregation, 1976.

WENDELL, Susan. Unhealthy Disabled: treating chronic illnesses as disabilities. *Hypatia,* v. 16, n. 2, pp. 17-33, Fall 2001.

___. *The Rejected Body:* feminist philosophical reflections on disability. New York: Routledge, 1996.

WILLIAMS, Gareth. Theorizing Disability. In: ALBRECHT, Gary L.; SEELMAN, Katherine D.; BURY, Michael. *Handbook of Disability Studies.* London: Sage, 2001, pp. 123-143.

WORLD HEALTH ORGANIZATION. *International Classification of Functioning, Disability and Health (ICF),* Geneva, 2001.

WORLD HEALTH ORGANIZATION. *International Classification of Impairments, Disabilities, and Handicaps (ICIDH),* Geneva, 1980.

ZOLA, Irving. *Missing Pieces: a chronicle of living with a disability.* Philadelphia: Temple University Press, 1982.

SOBRE A AUTORA

Debora Diniz é antropóloga, professora da Universidade de Brasília (UnB). O tema da deficiência passou a fazer parte de sua vida acadêmica e política depois de seu estágio de pós-doutorado na Universidade de Leeds, em 2000, realizado com o apoio do Conselho Britânico. Em 2002, apoiada pela Fundação MacArthur, participou de um grupo de estudos internacional sobre deficiência e justiça no Sarah Lawrence College, nos Estados Unidos. Atualmente, desenvolve pesquisas sobre deficiência pelo Conselho Nacional de Desenvolvimento Científico e Tecnológico (CNPq).